大科学家的小故事

钱学森

隋倩 编

苏州大学出版社
Soochow University Press

图书在版编目(CIP)数据

钱学森/隋倩编.—苏州:苏州大学出版社,
2015.2(2019.9重印)
(大科学家的小故事/王建成,吴文智主编)
ISBN 978-7-5672-1238-1

Ⅰ.①钱… Ⅱ.①隋… Ⅲ.①钱学森(1911～2009)
-生平事迹-青少年读物 Ⅳ.①K826.16-49

中国版本图书馆 CIP 数据核字(2015)第 034520 号

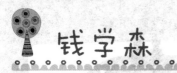

大科学家的小故事

编　　者	隋　倩
丛书策划	李寿春
责任编辑	董　炎
装帧设计	刘　俊
出版发行	苏州大学出版社
地　　址	苏州市十梓街1号
邮　　编	215006
电　　话	0512-67481020　65222617(传真)
网　　址	http://www.sudapress.com
印　　刷	南通印刷总厂有限公司
开　　本	850 mm×1 168 mm　1/32　印张 6.5　字数 100 千
版　　次	2015 年 2 月第 1 版　2019 年 9 月第 2 次印刷
书　　号	ISBN 978-7-5672-1238-1
定　　价	19.00 元

版权所有　　侵权必究

序

　　人类社会进入到二十一世纪,科学技术日新月异。那些在过去常常被人们视作不可能的梦想,今天大多成了现实。网络技术的日益成熟更使人们对科学的无限创造力不再有丝毫的怀疑,更加对那些在科学创新的崎岖道路上不畏艰难、勇于攀登的先人们怀有深深的敬意。试想,如果不是瓦特发明了蒸汽机,我们的交通、我们的工业就不会有今天的发展;如果没有爱迪生发明的电灯,我们的夜晚肯定没有如今的五彩缤纷。

　　勒格罗博士在法布尔的传记《敬畏生命》一书中指出,每一个时代总是会有那么一些具有特殊才能的人,以他们不朽的贡献在人类进步的过程中留下值得纪念的一笔。特别是那些在某些领域里开拓出新的境界的人,更加值得我们怀念。对于他们这样的人杰,单单只是抱着一种敬仰的态度显然是不够的。如果能够将人们对他们的怀念虔诚地搜集起来,无疑可以对后世起到一种教育和楷模的作用。

　　这些著名科学家生活在不同的年代,奋斗在不同的科研领域,经历过成功的喜悦,也遭受过失败的痛苦,最终,他们的研究促进了人类社会的进步,赢得了历史的认可。因此,在后人的眼中,他们往往是传奇般的英雄。他们总是废寝忘食地工作在远离人间烟火的实验室里,做事一板一眼,仿佛与风趣幽默沾不上边。

确实,科学是严谨的、深奥的,科学家是寂寞的,和科学家们打交道最多的是实验室以及实验数据。他们背景迥异,性格不同,却无一不具备细致入微的观察力、坚韧不拔的毅力、无比深邃的科学思想、可歌可泣的奉献精神。他们就像神探福尔摩斯一样,在大自然的蛛丝马迹中探寻人类未知的宇宙天地间的奥密。他们发明和发现的道路如同原始森林中的崎岖小径,跌宕起伏,丰富多彩。丛书中一个个生动的故事为我们破解了一位位科学巨人成功的奥秘。从这个意义上说,科学家的生活又是迷人的。

华罗庚学习起来非常刻苦和努力,每天他都能够坚持自学十几个小时以上,有的时候,一天只睡四个小时的觉。寒冬腊月天,屋子里寒气逼人,手脚冻得冰冷发僵,连写字的砚台都被冻住了,他就把砚台放在脚炉上,一边磨墨,一边用毛笔蘸着墨汁做习题。

小仲揆(李四光的小名)从小很勤劳,懂得为家庭分担困难。他常常帮着妈妈打柴、舂米、推磨、扫地、提水、放羊、割草等,几乎样样事情都能干。他成了妈妈的好帮手。他用小提桶帮妈妈提水,让水缸里的水总是满满的;他带着扒子上山去搂树叶,让灶堂底下的柴禾总是堆得高高的。

丰富多彩的大学生活开始了,钱伟长也开始了人生中的另一个重要阶段。博学的老师,教育理念的先进和个性化,融洽的师生关系,多彩的大学生活……这一切成了钱伟长一生中的重要财富。

钱学森兴趣广泛,除了主修的理科,还痴迷于许多人文学科。当时的北师大附中开设了许多的选修课:音乐、绘画、文学、诗歌……钱学森带着强烈的求知欲望、浓厚的学习兴趣在师大附中这片充满生机的知识海洋中遨游,为自己未来的科学研究事业和精彩人生奠定了坚实的人生基石。

为了全面掌握气象科学方面的知识,竺可桢攻读了和气象相关的十多门课程。课后,他又到一家又一家的书店里去寻找和气象学、地理学相关的书籍,买回了一大堆书。别的留学生参加各种聚会、运动会、演讲会,竺可桢就一个人在图书馆读书。在哈佛的这一年,时间过得特别快,竺可桢学到的知识也特别丰富,他确定了自己的科学目标。
……

这是一套引人入胜、让读者受益无穷的丛书,在轻松的故事叙述中阐释深刻的哲理,引导青少年步入科学殿堂。丛书不仅介绍了科学家的人格、所处的社会和时代、思想历程,还阐述了科学家的科学发现与技术发明的基本知识及其意义,引导青少年正确认识科学研究的过程、方法和基本原则。同时,考虑到丛书面向的是青少年读者群,编写者有意跳过了那些深奥难懂的技术细节,在对这些大科学家别样人生的讲述中,注重诠释科学精神,展现大家风采,激励读者登攀科学高峰。

  本丛书是科学与人文相融合的结晶,旨在为广大青少年读者的健康成长提供精神食粮,是助益青少年起跑与腾飞的健康加油站。

目录 Contents

一、幸福童年
屈辱的年代 2
华丽家族 7
父亲 11
母亲 18
青梅竹马 22
老北京的记忆 26

二、少年励志
人生基石 32
思想启蒙 37
人生道路的第一次
　选择 41
两个 100 分 44
人生第一场风暴 48
改变志向 52
幸遇伯乐良师 59

三、他乡求学
崭露头角 66
突闻噩耗 70
重新抉择 73
师从卡门 78
"三年出货" 83
最年轻的正教授 86
琴瑟和鸣 90

四、五年归国路
回祖国去 94
障碍重重 99
牢狱之灾 103
闪光的论著 107
秘密的信中信 110
漫漫旅途中的动人
　故事 114
回归 118

五、十年两弹成

"外国人能造出来的,我们
　　中国人一定能造得出来!" 124
与彭老总的晤谈 127
三次演讲与"第二炮兵" 131
严师出高徒 135
艰难起步 138
蒋英"索夫" 147
第一枚"争气弹"上天 150
亚洲上空的巨响 155
"飞天"梦想 162

六、金色的晚年

两封不被批准的
　　辞职信 170
创立大成智慧学 174
"我为什么不去美国
　　领奖?" 179
三次激动的时刻 183
100万港元奖金 188
钱学森之问 191
最后的日子 196

一、幸福童年

● 我可不做麻雀、斑鸠,要做就做大鹏鸟,一飞飞上九万里云天!

屈辱的年代

1840年,似乎离我们过于久远了。但是,如果你知道,就是在那一年,一场战争开启了近代中国被压迫、被欺凌的历史,那么,这个令中华儿女痛彻心扉的年份就会与无数屈辱的血泪一起永远铭刻在你的心中。

那是清朝末年的中国,长期的闭关锁国让国人对外面世界的飞速发展知之甚少,"康乾盛世"后一百多年的时间里,曾经的泱泱大国不仅彻底丧失了"八方来贺"的威仪,而且各种矛盾不断爆发,国家越发羸弱不堪,已根本无力阻挡以英帝国主义为首的各国列强全球扩张的魔爪。列强们先是用罪恶的鸦片敲开了中国的大门,在掠夺大量的财富和资源的同时,毒害腐蚀着中国人的身躯和心灵。面对中国暴风骤雨般的禁烟运动,英帝国主义更是悍然发动了侵略战争,史称"鸦片战争"。屈服于列强的坚船利炮,腐朽的清政府赔款、割地、开放通商口岸,中国一步步沦为半殖民地半封建的社会。

英国侵略军头目乔治·巴尔福成为第一个常驻上海的

外国领事。在上海安身后不久,巴尔福就发布通告,宣布上海于1843年11月17日正式开辟为商埠。开埠后一个半月内,就已经有11家洋行涌入上海滩。英国传教士、医生、领事馆人员等也纷至沓来。与此同时,从国内各地赶来的冒险家、暴发户、买办、金融家、商人甚至帮会流氓等各色人等也会集其间。一时间,黄浦江中汽笛不断,跑马路旁灯火长明;西装革履与长袍马褂摩肩接踵,四方土话与欧美语言混杂一处。一些洋人仗着清廷软弱,到处滋事,华洋之间纠纷和摩擦不断出现。一次,一位姓姚的基督徒因为非作歹而被官府拘捕。这位巴尔福领事为迫使清政府放人竟威胁要出动军舰,事情最后以当时的地方官——上海道台宫慕久放人道歉才得以收场。

事后,巴尔福不失时机地拜会了这位道台大人。

"大人,我们之间的很多不愉快都是因为我们没有一块自己的居留地。我看中了县城外黄浦江边的那块荒滩,不知大人能不能卖给我们作居住用?"巴尔福所说的这片荒滩就是今天上海著名的外滩,之所以要选择这里作为居留地,是因为黄浦江和苏州河在此处交汇,可以停泊英国人的舰船,便于逼迫中国人就范。巴尔福毫不避讳地说道:"看到我们的舰船,就能看到我们的实力。我们的政策就是全面控制这条大江!"

听罢巴尔福的建议,宫慕久连忙摆了摆手,说:"按照大清律例,土地是不能卖给你们的。不过,"停顿了片刻,宫慕久接着说道,"租给你们是可以的。"也许宫慕久无法知道,他的一句"租给你们是可以的",悄然开启了中国大陆大片土地被"租借"、被殖民的历史。香港、澳门一租就是99年,直到1997年和1999年才历经坎坷回到了祖国的怀抱。

最终,经过谈判,上海外滩这块约830亩的土地以每亩年租金1500文的价格被英国人"租"了下来,成了英国的"租界"。1500文有多少呢?在当时,一个包子的价格约为2文,一块如此大小的土地,一年的租金只是750个包子的钱。不久,租界的面积迅速激增至2820亩。中国近代史上出现了第一个租界——英租界。

各国列强当然不甘示弱,纷纷仿效,美国、法国、日本在上海、天津、武汉建立的租界如雨后春笋般拔地而起,不断扩大,并逐渐演变成外国侵略者自己的领地——他们在此行使独立的行政权、立法权、司法权、警务权、军事权,租界俨然成了"国中之国"。

随租界同时涌入的是西式的繁华与文明。近代的道路和桥梁,漂亮的花园洋楼,便捷的电报、电话、电灯,教会医院、教会学校更是成为西方文明的代表。许多国人一下子被这种完全陌生的生活方式裹挟而不知所措,应接不暇地做起"西洋镜"的看客。有识之士则惊呼:"睁开眼睛看世界!""师夷长技以制夷!"于是,很多富裕家庭的孩子们被送到教会学校接受西式教育,继而留学海外,学习先进的技术和思想。

钱学森的父亲钱均夫早年就接受了系统的西方文明教育,再加上家境殷实,于是,就在钱学森即将出生时,他为夫人生产选择了一家教会医院。要知道,在那样一个年代,绝大多数的中国孩子还出生在家中,经历着生死考验的母亲在"接生婆"的帮助下生下孩子往往是到"鬼门关"走了一遭。

1911年的12月11日,钱学森在上海租界的一所教会医院里诞生了。

就在钱学森出生的1911年,苦难中的中国经历了一场伟大的历史性革命。孙中山领导的武装起义取得了胜利,建立了资产阶级性质的政权,并宣告中华民国成立。1912年2月,清朝皇帝溥仪宣布退位,由此,结束了清皇朝入关后260多年的统治,也结束了中国2000多年的封建专制制度。1911年是阴历辛亥年,这场轰轰烈烈的革命就是著名的"辛亥革命"。

诞生于"辛亥革命"期间的钱学森,虽然还不能知晓外面的世界正经历着怎样翻天覆地的变化,但是,这正在经历翻天覆地变化的世界必定深刻影响和造就着钱学森未来的精彩人生。

华丽家族

钱学森虽然出生于上海,但是祖籍却是享有"人间天堂"美誉的杭州。中国人对于杭州具有极为深刻的记忆,因为那里有"浓妆淡抹总相宜"的西子湖,有许仙、白娘子凄婉动人的爱情故事,还有鲁迅笔下那"倒掉的雷峰塔"。

杭州钱氏家族为名门望族,算得上为中国的贵族。但是,贵族似乎总有逃不脱的"命运",正如孔尚任《桃花扇》中一段唱词:"眼看他起高楼,眼看他宴宾客,眼看他楼塌了"——随着频繁的改朝换代,不断地起起落落。然而,钱氏家族却与众不同,一千多年以来,代代有钟鸣鼎食之家、博学宏识之士。

推算起来,杭州钱氏家族是古代吴越国国王钱镠(liú)的后裔。钱学森的父亲钱均夫为钱镠的第三十二世孙。现在的西湖柳浪闻莺公园里,还保留着一座钱王祠。相传这个地方原来就是钱王钱镠的故居,后人便在此建祠纪念他。

钱镠,生于唐宣宗大中六年(852)。镠,意指成色好的黄金。据说,钱镠出生时相貌丑陋,哭声很怪。父亲钱宽认为此子不祥,要把这个孩子丢到屋后的井里。幸亏阿婆阻止,留下了这条小生命,以后钱镠便得了一个小名儿——"婆留",屋后的水井便叫作"婆留井"。这口井至今还在浙江临安。

钱镠从小喜武,21岁从军,由于骁勇多谋,屡建战功,887年被封为杭越管内都指挥使、杭州刺史;907年被晋封为吴越国国王,人称"钱王"。当时的吴越国下辖一郡十三州(今浙江全境和江苏、福建部分地区)。

钱镠成为吴越国国君后,实行了一套"保境安民,发展经济"的政策。他重视农桑,修筑河塘,开拓海运,发展商贸,使吴越国富甲江南。据史料记载,当时的吴越国库里有10年存粮,曾3年不向老百姓征税,一石(大约60公斤)米才卖50文钱。杭州的人口也由隋代的1.5万余户增至10万余户。

钱镠家族更是不断开枝散叶,子孙满堂。钱镠本人有6房妻室,共养育了33个儿子。他的儿子们多半被父亲派往江浙各州做官,这样,钱氏家族很快繁衍开来。据清末民初修撰的《长乐钱氏宗谱》载,钱氏宗脉在江浙一带就有59支;而据钱文选于1924年编撰的《钱氏家乘》记载,在国内有迹可循的钱氏宗脉多达100多支。

钱氏家族不仅人口众多,而且人才辈出,历朝历代皆有俊杰。特别是在近代和现代,更有不少卓越人士。如钱穆,近代中国最重要的思想家之一;钱玄同,"五四"新文化运动猛将,反对文言文,力倡白话文,倡导民主和科学;钱锺书,他的两部名著《管锥编》和《围城》,在他有生之年就已成为不朽之经典;钱其琛、钱正英、钱伟长、钱三强,这些如雷贯耳的名字,更是为现代中国人所熟知。

钱氏家族之所以人才辈出,并非偶然。我们可以在钱镠的家训中寻到根源。

钱氏家训告诫子孙:"爱子莫如教子,教子读书是第一义。"世世代代的钱氏后人大多对子孙的教育颇为重视,因此,后人中思想家、教育家、科学家也甚多。如钱泽夫之子、钱学森的堂弟钱学榘,也和钱学森一样,是一位出色的空气动力学家,曾担任美国波音飞机公司高级顾问。钱学榘有两个儿子,都取得了很高的学术成就。一位是钱永佑,著名的神经生物学家,另一位是钱永健,著名的化学家,诺贝尔化学奖得主,二人均为美国科学院院士。据相关机构统计,当代国内外仅科学院院士以上的钱氏名人就有100多位,散居于世界50多个国家。仅无锡钱家一支,就先后出了10位中国科学院学部委员、中国科学院院士和中国工程院院士。

钱氏家训中还有这样一条:"利在一身勿谋也,利在天下必谋之。"这应该是钱氏家族忠于国家、服务国家的核心驱动力。钱学森便堪称其中的典范。

2008年6月,"吴越钱王与长三角繁荣"主题报告会在浙江临安举行,钱学森发来贺电。贺电说:"我们的先祖,他的政绩只是'致富一隅',而我们后人的事业,是使整个中国繁荣富强。老祖宗地下有知,是会高兴的。"

父 亲

父亲是钱学森人生中重要的启蒙者,首先向他开启了人生与智慧之窗。钱学森后来常说:"我的第一位老师是我父亲。"

钱氏家族家依照"继承家学,永守箴规"八字论辈取名。钱学森的祖父钱承镃(zī)有二子,为"家"字辈——长子为钱家润,字泽夫;次子为钱家治,字均夫。两人均以字行世,也就是钱泽夫和钱均夫。钱学森的父亲就是钱均夫。

钱均夫生于1882年12月,自幼便进入私塾读书,还考中了清末的秀才。在1899年17岁时,进入了杭州求是书院学习。这座有名的书院就是今天浙江大学的前身。在当时,求是书院算得上是一座新式学堂,由一座寺院改建而成。它的建立还有一个小小故事——

在清朝光绪二十三年(1897),杭州普慈寺的僧人因违法,被官府查办,没收了寺产。当时的杭州知府林启便负责查办此案。林启是一位崇尚维新思想的饱学之士,通晓英文、日语,研习经济科学,以兴学强国为追求。1898年,主张向西方学习、变法自强的"百日维新"失败,但是维新的思想得到了广泛的传播。在此背景之下,林启与杭州的一些开明士绅商议,将没收的普慈寺改建成新式学堂,也就是求是书院。

通过在求是书院的学习,钱均夫开始走上了兴教救国的道路。当时的书院监院(相当于现在学校的教务长)是陈仲恕先生,他的弟弟陈叔通也在此执教。陈叔通生于1876年,为清末的翰林,很有学问。他年长钱均夫6岁,在钱均夫就读期间,师生二人意气相投,感情甚笃。若干年后,钱学森回国受阻,就是辗转求助了这位太老师陈叔通先生才得以成行的。在这里,钱均夫还结识了挚友蒋百里。由此,他们不仅成就了持续一生的友谊,还将这友谊传承给了下一代——1947年学成归国的钱学森如愿做了蒋百里的女婿,与蒋英结为夫妻。想来,是这座书院让他们结下了不解之缘。

钱均夫在求是书院学习了三年后,与同窗许寿裳等人一同远赴重洋,东渡日本留学,在弘文学院学习了一年日语后,于1904年进入东京高等师范学校学习。在日本留学期间,经许寿裳引荐,钱均夫结识了大名鼎鼎的鲁迅先生,他们还常常相约同去听著名国学大师章太炎讲学。1905年,孙中山先生在日本创办了《民报》,宣传民族、民权、民生即"三民主义"的基本宗旨。日本的留学生活对钱均夫影响深刻,更坚定了他反对帝制、崇尚民主的思想。

1908年,钱均夫、许寿裳、鲁迅三人先后回国,并同在浙江两级师范学堂任教职。在辛亥革命胜利后,应教育总长蔡元培的邀请,又同往教育部任职。直至1929年,钱均夫才离开北京回到杭州,在浙江省教育厅任督学、秘书。

值得一提的是,在鲁迅的文章中描述过一场轰轰烈烈的"木瓜之役",就发生在钱均夫于浙江两级师范学堂任教期间。这所师范学堂的监督(即为现在的校长)原是沈钧儒,曾为清末的进士,后来也赴日本留学。他思想倾向革命,在他的领导下,学堂内民主空气十分浓厚。可到了1909年10月,浙江巡抚改派当时担任浙江教育总会会长的夏震武兼任学堂监督。这位夏监督思想保守,尊孔读经,鄙视科学,与钱均夫、鲁迅、许寿裳等具有民主思想的教员们格格不入,产生了尖锐的思想冲突。鲁迅干脆赠夏震武绰号"木瓜",以讽刺他保守教条,木头木脑,不懂事理。1909年11月10日,众人终于对这位监督忍无可忍,发起了"木瓜之役"——为反对夏震武,教师们集体辞职。许寿裳曾在回忆录中这样描述:

新监督迟迟未到,我便决然向旧监督辞职,不料鲁迅、钱均夫、朱希祖等教员也陆续提出辞职。我们愤然搬出了校舍,表示决绝。学生们也奋起响应,举行罢课。夏震武最终无奈离职。

"木瓜之役"俨然是两级师范学堂的一场"辛亥革命"。

钱均夫在外是一位敢于斗争的民主斗士,在家也是一位非常负责任的父亲。

钱学森出生后仍然论辈取名,属"学"字辈,并沿用了同辈堂兄弟"木"字旁选取名字用字。钱均夫最初曾用双木"林"字,后来索性又加了一个"木",用了"森"字,比"林"更具蓊郁、葱茏、繁茂之意。"学森"谐音"学深",也体现了钱均夫对儿子未来"学问深远"的殷切希望。

身为教育家的钱均夫,对儿子的教育甚为用心。他并没有把小学森送入私塾接受传统的儒家教育,而是送到蒙养院中学习。蒙养院就是现在的幼儿园,是当时中国向西方学习引进的先进教育模式,整个北京城只有一家。所谓"蒙养"是取"蒙以养正"之意,意思是说从小就要对孩子加强教育,让孩子有一个正规良好的开端,打好一生的基础。

博学多才、谦恭自守的钱均夫努力营造家庭宁静的文化氛围、言传身教可贵的求实精神,这些对幼年钱学森的成长都起到了至关重要的作用。

钱均夫十分重视培养钱学森对读书的兴趣。在他的书房里,藏书颇丰,允许钱学森在其中任意翻阅浏览。他还亲自为儿子挑选画报、小人书。5岁时,钱学森就看了《水浒传》,虽然并不明白故事的真正含义,却对书中描述的梁山好汉颇为神往。他好奇地问父亲:"这书里的英雄好汉真的是天上的星星下凡吗?"父亲连忙笑着解释说:"那只是传说!不过,只要你好好学习、好好读书,以后就能够成为真正的英雄好汉!"就这样,在父亲的引领下,年幼的钱学森进入书中展现的一个个丰富而又美妙的世界中。直到钱学森赴美求学时,父亲依然是将一大箱"中华文化丛书"作为临别礼物。这些书成了钱学森独在异乡求学时重要的精神食粮。读书成为钱学森一生中最大的爱好。

钱均夫还注重培养钱学森对大自然的热爱。每年春秋季节,父亲总是要带着小学森登香山、爬西山,赏美景、学知识,郊游和野餐。在与大自然的亲密接触中,钱学森感受着快乐,也接受着大自然"润物无声"的熏陶与感染。

一次,父子俩躺在草地上仰望着云淡风轻的蓝天。一只苍鹰闯入小学森的视野。他入神地盯着,视线随着这只苍鹰忽高忽低、时远时近,直到消失在天际。

父亲顺着儿子的视线望去,揣摩着小学森的心思,不失时机地给儿子讲起了庄子的《逍遥游》:"传说啊,北海里有条鱼,名字叫作鲲。鲲的躯体,不知有几千里长。后来,它变成了一只鸟,名字叫作鹏。鹏的背,也不知有几千里长。大鹏鸟奋力一飞,翅膀张开,仿佛是天空中积聚起遮天蔽日的云。当海风吹起的时候,大鹏就飞往南海。它鼓动双翅,激起的水花延绵了三千多里,而后又乘着旋风直飞上九万里的高空。"

小学森听得津津有味:"后来呢,后来呢?"

父亲接着讲道:"看着大鹏鸟飞走了,地上的蝉、斑鸠和麻雀禁不住议论起来,它们讥笑大鹏鸟为何要费力飞那么高、那么远,还不如自己,平时就在池塘边、树丛里飞来飞去,既没有危险,也不会挨饿,多么安逸和快活!"

"那它们也太没有出息了!我可不做麻雀、斑鸠,要做就做大鹏鸟,一飞飞上九万里云天!"

在父亲的引导下,小学森自小便立下了鲲鹏之志。

钱学森以后回忆说:

我的父亲钱均夫很懂得现代教育,他一方面让我学理工,走技术强国的路;另一方面又送我去上音乐、绘画等艺术课。因此,我从小不仅对科学感兴趣,也对艺术感兴趣,这些艺术上的修养不仅加深了我对艺术作品中那些诗情画意和人生哲理的深刻理解,也让我学会了艺术上大跨度的宏观形象思维。我认为这些东西对启迪一个人在科学上的创新是很重要的。

母 亲

钱学森的母亲名叫章兰娟,生于 1888 年,出身豪门,是一个典型的大家闺秀。关于章兰娟与钱均夫的这段姻缘,还要从杭州钱、章两大家族说起。

钱家曾是杭州赫赫有名的丝行大亨,世代经营丝绸生意,鼎盛时候的"钱士美丝行"店面就延伸了"三根电线杆"——按照两根电线杆之间的距离大约为 50 米计算,就有 100 米长,规模可想而知。据钱学森的堂侄钱永龄回忆:"钱士美丝行在杭州很有影响,每到夏初春丝上市前,要我家丝行定了价,全省方可开市。"可是,到了钱均夫这一辈,钱家已经家道中落。

章家与钱家同为丝业大家,并且一直家业兴盛,富甲一方。钱学森的外祖父章珍子曾经担任两广盐运使,后来回到杭州经商,主要经营丝业、酱园等产业,财力雄厚,名下仅杭州最好地段的房产就有多处。钱学森一家在杭州的私宅方谷园 2 号就是当时母亲结婚时的嫁妆。如今的方谷园 2 号已被修葺一新,这座钱学森故居也已成为钱学森展览馆,让千万西湖游客有机会领略杭州深厚的文化底蕴。章家尽管十分富有,却不甚看重钱财,相中的是女婿钱均夫的才华和人品。原来钱均夫从日本学成归国后,曾在杭州私立安定中学的礼堂里发表演讲,宣传"新文化运动"。在众多的听众中,就有章兰娟的父亲章珍子。老先生被钱均夫的一表人才和渊博学识所吸引,于是决定把自己的掌上明珠——长女章兰娟嫁给钱均夫,并且准备了十分丰厚的"嫁妆"。

　　章兰娟堪称温良谦恭的中国传统女性典范,生育钱学森后便一心一意相夫教子。在钱学森年幼的时候,由于钱均夫忙于公职,钱夫人在孩子的教育上倾注了大量的心血。

　　她十分注重对钱学森的传统文化熏陶,把自己对中国古典诗词的喜爱无声地传达给孩子。钱学森从小就在母亲的陪伴下背诵了许多唐诗宋词。虽然不能完全弄懂诗词中的幽远意境,但钱学森在天长日久、潜移默化的诵读中已慢慢形成了一种独特的文儒清雅的气质和风范,对文学艺术也情有独钟。

　　母亲很懂得寓教于乐。章兰娟本人就天资聪颖,颇有几分数学天赋,尤其擅长心算。于是,她常常跟钱学森做心算游戏。在游戏中,不仅给小学森带来了许多童年的快乐,还从小培养了钱学森对数学的爱好。

钱学森在回忆母亲时,动情地说:"我的母亲是个感情丰富、淳朴而善良的女性,而且是个通过自己的模范行为引导孩子行善事的母亲。母亲每逢带我走在北京的大街上,总是对乞讨的行人解囊相助,对家中的仆人也总是仁厚相待。"

母亲之情感丰富从她多年对荷花的爱好上可见一斑。母亲在杭州时就常去西湖赏荷,迁居北京后,便在自家的大水缸里养鱼种莲。母亲还用一双巧手将荷花一针一线绣在钱学森的手帕上。后来,钱学森求学留洋,这方手帕一直贴身存放。养花识情趣,母亲对荷花出淤泥而不染的清雅高洁之美的偏爱,这一方手绣手帕上所寄托的情谊和希望,总是令钱学森回味无穷。

母亲很少说教,但是她宽厚仁慈、乐善好施的一举一动,在钱学森心中都留下了深刻的印象。

钱家那扇黑漆大门,常常被求借的邻居敲开,母亲总是温和地、热情地接待这些穷朋友,家中有的,尽管借去,借去的钱粮,确实无力偿还的,母亲决不再提起。记得最深的是一年冬天,北京的街头天寒地冻,北风卷着鹅毛大雪呼啸不止。钱学森正在母亲的陪伴下凑在灯前读书。忽然听见门外响起比寒风还要凄厉的悲号:"大慈大悲的老爷太太,可怜可怜我这受苦受罪的人吧!行行好,赏口饭吃吧!"母亲连忙停了手上的针线活,吩咐佣人找出家中最大的瓷碗,并亲自来到厨房,盛满饭菜,冒着风雪向大门口走去。这样的情形,小学森绝不止看过一次两次。为乞讨的人准备饭菜,为冻僵的人准备姜汤,一次次的善举正是最震撼心灵的力量。

钱学森曾经有一位干妹妹名叫钱月华。她是一位贫苦农民的女儿,原本与钱家毫无关系。11岁的时候,由于家境贫困,父母将她送到钱家帮佣。由于为人老实,工作勤恳,被钱氏夫妇认作了干女儿,并取名"月华"。钱夫人像对待亲生女儿一样,悉心培养她,手把手地教她打理家务。很快,月华小小年纪就能做一手好菜,并将钱家里里外外收拾得干干净净。

钱学森深深得益于母亲的身教,并将这样的家教传统身体力行地继续传承下去。有一次,炊事员对钱学森的儿子钱永刚说:"你看你父亲每次下来吃饭,都一叫就到,而且都穿得整整齐齐,从来不穿拖鞋、背心。这是他看得起咱,尊重咱!"这让钱永刚很是震惊。他后来便很注意父母的一举一动、一言一行,来对照自己的日常行为,检讨自己。钱永刚至今也保持着良好的吃饭习惯和文明的行为举止。他曾经感慨地说:"父亲秉承了奶奶和爷爷的身教传统,他从来不言教,只注重身教。"

青梅竹马

钱均夫夫妇一生只有钱学森一子,而钱学森却有四位姐妹。原来,十分喜欢孩子的钱氏夫妇先后认过四个干女儿。最大的干女儿名叫钱学仁,是钱均夫兄长钱泽夫的女儿,比钱学森年长1岁,是姐姐;第二个干女儿叫钱惠英,是钱均夫堂弟钱家澄的女儿,也就是钱学森的堂妹,比钱学森小5岁;第四个女儿是钱均夫夫妇收养的贫苦农民的女儿,取名钱月华。那么,第三个干女儿是谁呢?她就是蒋英——后来与钱学森相伴一生的妻子。这其中的渊源还要从蒋英的父亲蒋百里以及他与钱均夫的深厚情谊说起。

蒋英的父亲名叫蒋方震,字百里,后来多以字传世,人称蒋百里。蒋百里是浙江海宁人,同样出身于当地望族。他与钱均夫在求是书院学习时结识,又先后前往日本留学,一个学教育,一个学军事,一直是莫逆之交。蒋百里在日本陆军士官学校学习时,还特别拜托钱均夫照顾家中病弱的母亲。钱均夫不负好友重托,待蒋母像亲生母亲一样,经常去蒋家看望照顾,代蒋百里尽儿子的孝道。

蒋百里是中国近代著名的军事理论家,也是一位富有传奇色彩的人物。1905年,他以第一名的成绩完成了日本的学业,又前往德国见习一年。归国后,年仅30岁的他就被任命为保定军官学校校长,授少将军衔。当时的保定陆军军官学校和天津北洋武备学堂是中国仅有的两所军官学校。蒋百里雄心勃勃,要把军官学校办成一流学校,但是无奈办学经费严重不足,一再申请,均无着落。一怒之下,蒋百里向大总统袁世凯提出辞职,又被拒绝。性格刚烈的蒋百里在一天清晨的师生集会上,当着全校2000多名师生的面,悲愤地拔出手枪,对准自己胸部开枪自尽,以示抗议。众人震惊之余,连忙将他送往医院救治。袁世凯火速请求日本公使馆派出水平最高的医生和护士前往保定。还好子弹并未伤及要害,蒋百里侥幸脱险。然而心病未除,蒋百里依然郁闷不堪,偷偷地在枕头下藏了许多安眠药。细心的护士长佐藤屋子发现后,诚恳地劝慰开导,生活上的照顾更是无微不至。时间一久,二人渐渐产生了爱慕之情。1914年,蒋百里和这位佐藤屋子小姐结婚,因蒋百里十分喜爱梅花,便为佐藤屋子取了一个中国名字——"左梅"。后来,蒋百里作为中国的抗日将领,因娶了一位日本妻子,在抗日战争期间备受风言风语之苦。但也足见这位将军的独特个性和特立独行之风格。

婚后,左梅夫人再也不说日语,也不教孩子们说日语。

蒋百里与左梅共有五个女儿,人称"五朵金花"。这令钱均夫夫妇羡慕不已。两家聚会之时,这夫妻俩常常望着嬉笑追逐的孩子们出神。一次午饭后,蒋百里慷慨激昂地发表着自己对时局的看法,却半天得不到老朋友的回应,仔细一看,原来钱均夫正盯着院子里捉迷藏的孩子们微笑,全然没听见自己讲的话。过了好一会儿,钱均夫才转过脸来,对蒋百里请求说:"给我们一个女儿做干女儿吧!"一边的章兰娟也忙不迭地点着头,恳求地看着蒋百里夫妇。

蒋百里为人豪爽:"那你们就挑一个吧!"

"我们就要老三!"章兰娟连忙说道。左梅也欣然答应了。

这个"老三"就是蒋英。此时的蒋英5岁,留着短发,圆圆的脸蛋、圆圆的眼睛,充满稚气的表情中透着一股灵气。她从小就能歌善舞,活泼可爱,自然深得钱均夫夫妇的喜爱。为将蒋英正式过继到钱家,钱均夫还亲自操办了酒席,并给蒋英取了一个新名字——"钱学英"。从此,蒋英与钱学森便以兄妹相称。

在蒋英的记忆中,这位干哥哥性格沉静,话不多,年龄比自己大了不少,但是颇有文艺才能,会吹口琴,还和自己一起为大人们表演合唱《燕双飞》,每次总能赢得大家热烈的掌声。其实,小蒋英内心颇为崇拜这位干哥哥,喜欢跟着他,还不停地缠着哥哥教自己吹口琴。

此时,二人诚如李白《长干行》中描述的那样:"郎骑竹马来,绕床弄青梅。同居长干里,两小无嫌猜。"一切似乎冥冥中正造就着一种奇妙而又美好的姻缘。

老北京的记忆

1914年,3岁的钱学森跟随调往教育部工作的父亲来到了北京,一待就是15年。在钱学森的记忆中,自己在北京城的家在一条长长的胡同深处,两侧都是青灰色的砖墙。那镶着硕大门环的两扇黑漆大门便是钱学森的家了。推开门望去,眼前豁然开朗,是一座敞亮的四合院。在院子中间摆放着一个大鱼缸,母亲在其中养鱼种莲,成为一道生机盎然的美丽风景。循着钱学森记忆的痕迹,似乎很容易让我们的眼前浮现出电影《城南旧事》中的那座古老的北京城,那条长长而幽静的胡同和那个充满温馨的四合小院。钱学森一生很少进影院看电影,但是,1982年,当这部根据著名女作家林海音同名小说改编的电影《城南旧事》放映后,已是71岁高龄的钱学森专程前去观看。看后,钱老久久没有说话,双眸湿润,影片勾起了他对童年往事、对老北京城深深的记忆……

就是在老北京的这个院子里,小学森跟着母亲吟诗歌、做游戏,成了邻居眼中的"小神童"。不久,小学森被父亲送进北京唯一一所"蒙养院"接受先进的启蒙教育。他每天上学、放学,都和女佣一同乘坐父亲包下的一辆"洋包车",穿梭在宣武门内外的大街上。在他眼中,老北京城那高高的城楼、城墙是那么巍峨,街市是那么繁华和热闹。他顽皮而好奇地在车上左顾右盼,有时趴在车上从后面的车窗向外看,偶尔朝着路人扮个鬼脸。到了假日,小学森就在父亲的陪伴下,游故宫、逛颐和园,还有中山公园、明陵、香山……老北京的名胜都一一游览了个遍。

转眼到了6岁,钱学森进入小学。

钱学森就读的是国立北京女子高等师范附属小学,后又转入国立北京高等师范学校附属小学。这两所小学就是今天赫赫有名的北京市第二实验小学和第一实验小学。国立北京高师附小是当时教育部一所具有研究和试验性质的小学,创立于1912年。首任校长就由当时的国立北京高师的校长陈宝泉直接兼任。由大学校长来兼任小学校长,足可见对创办这所学校的重视。陈校长一直致力于吸收世界上最新的教育理念进行试验,使学校成为全国小学改进教育教学的模范和先导。学校每天下午放学前安排学生们轮流值日做大扫除,翻椅挪桌,水擦地板,培养学生从小讲卫生爱清洁的好习惯。学校设有一间专供男生使用的劳作教室,里面备有齐全的工具和专门的工作台。在这里，男孩子们亲自动手，学习用竹子制作筷子、餐刀、汤匙等各种餐具。而女孩子则在另一间劳作教室中学习烹饪、缝纫，亲手做出好吃的"沙琪玛"和糖葫芦，请男生们品尝。这样的学校生活不仅让小学森充实快乐，而且获益匪浅，他非凡的天赋得到了进一步的发掘和培养。

钱学森是班上年龄最小的孩子，却是发展全面、成绩优异的学生。他顽皮又聪明，有一个小故事至今被人们津津乐道。那时班上的学生们喜欢玩"投飞镖"的游戏——孩子们用质地较硬的纸折成一个头部尖尖、带着一副向后斜掠翅膀的"飞镖"，奋力扔出去，看谁投得最远。钱学森折出的"飞镖"每次都飞得最远、飞得时间最长。同学们钦佩不已，围着他问奥妙究竟在哪里，钱学森不紧不慢地说出了其中的窍门："你们看！这飞镖要折得有棱有角，规规整整，头上再夹上一个小小的铅笔芯，保证飞得远！"虽然，我们不能夸张地说钱学森在小学时就显露出出色的空气动力学才能，但是他善于琢磨、富有非凡的想象力和创造力却是日后成为伟大科学家不可或缺的要素。

钱学森在小学期间接受了全面的素质教育。除了语文、算术外，他还在父亲的支持下，拜著名国画大师高希舜为师，学习绘画。在名师的指点下,小学森的画画技艺进步神速,连父亲都对他的画赞不绝口,不仅将他的画精心装裱起来挂在家中,还作为礼物赠送亲朋挚友。若干年后,钱学森的堂弟钱学文在香港的一位朋友家中看到了他精心收藏的一幅钱学森的画作,有意高价买下,可是这位朋友态度坚决:"钱学森的画是无价之宝,决不出售。"

对钱学森影响深刻的还有一位老师就是班主任兼书法老师于士俭。当时的书法课,学生们可以按照自己的喜好选择颜真卿、柳公权、赵孟頫、欧阳询等书法大家的字帖临摹描写。于老师就在学生中间来回巡视,发现哪个学生写得不太好,就在他身边慢慢坐下来,照着字帖一笔一画临写一个字,边写边讲解书写的要领。令人叫绝的是,无论学生临写的是什么字帖,于老师写什么体就极像什么体,书法功底之深厚,让学生们深深折服,不由得会喜爱上书法这门艺术。

值得一提的是,在钱学森就读的小学中还有一位"名人",她就是周恩来总理的夫人邓颖超。虽然没有直接教授钱学森课程,但在多年后谈到同在一校的经历,钱学森还是倍感亲切,恭敬地向邓颖超行学生之礼,尊称一声"邓老师"。钱学森晚年在一封写给友人的信中,充满感情地写道:"我曾经就读的师大附小,我的老师有班主任于士俭先生和在校但未教我们班的邓颖超同志。我想念他们!"

可以说,钱学森尽管出生在令中国人民倍感屈辱的年代,但是因为家境优越,父母疼爱,就读的学校理念先进,老师教导有方,小学森度过的是一个幸运而又幸福的童年。老北京在他小小的纯真的心灵中留下的大多是珍贵而美好的记忆。

二、少年励志

◎ 钱学森带着强烈的求知欲望、浓厚的学习兴趣在北师大附中这片充满生机的知识海洋中遨游,为自己未来的科学研究事业和精彩人生奠定了坚实的人生基石。

人生基石

1923年暑假之后,钱学森从国立北京高等师范学校附属小学升入了国立北京师范大学附属中学。这所学校是北京乃至全国响当当的名牌中学,历史悠久,名师云集,人才辈出。钱学森恐怕没有想到,日后自己成为了母校最大的骄傲——现如今,北师大附中校园中的一座"红楼"被辟为"钱学森纪念馆",馆前立有钱学森全身铜像:他青春年少,意气风发,清风吹起他额前的黑发、胸前的围巾和长衫的衣角,他手持一叠书本,眼睛坚定地望向远方。铜像的底座上刻着"附中人钱学森",令人真切感受到其中的亲切与自豪。而钱学森更是无法忘怀自己的母校——这并不是因为母校给予了自己如此之高的荣誉,而是因为他认为在母校度过的六年时光为自己打下了坚实的人生基石。晚年的钱学森曾经回忆,在自己的一生中给予自己深刻影响的人共有17位,这17位重要人物中除了父母和新中国的5位领袖之外,其余12位都是他在漫长求学生涯中的老师,而其中北师大附中的老师就占了7位之多!可以说,在钱学森的心目中,整个中学时代令他终生难忘。几十年过去了,这些老师独特的教学方法和人格魅力仍然历历在目——

校长林砺儒力主教育改革,尤其反对一味灌输和死记硬背。在他的带领下,师大附中云集了一大批师德高尚、学识渊博、理念先进、治学严谨的优秀教师,教学上起点高,方法活,要求严,强调培养学生的高能力,尤其注重给学生减负。当时,林校长并不是钱学森的任课教师,而父亲钱均夫特别希望钱学森能得到他的亲自指导,于是当面向校长直接提出了请求。这位林校长没有碍于情面一口答应,而是安排了一场"入学考试"——当面给钱学森出了几道题,想看看这位学生的潜质究竟如何。当场命题出卷后,两位大人继续聊天。不一会儿,林校长忽然发现钱学森已经悄悄离开跑到院子里玩耍去了。他连忙好奇地拿起桌上的试卷端详起来,只见整洁的试卷上字迹工整,每道题的解答都思路清晰,令人十分满意。林校长看罢,立刻决定收下这个学生,专门教授他伦理学。就是在这位林校长的带动和影响下,整个师大附中的师生对待考试的态度十分与众不同——老师从不搞应试辅导,学生们临考也从不开夜车、临时抱佛脚,因为大家都从心底里觉得:如果明天要考试,今天才备考,那是没出息的表现!不做准备参加考试,考出的才是真本事、真水平!

教几何课的老师名叫傅仲孙。钱学森一直铭记着他的一句"名言":"公式公理,定义定理,是根据科学、根据逻辑推断出来的,在课堂如此,到外面如此,中国如此,全世界如此,就是到火星上也是如此!"此话一出,学生们一下子被逗得哈哈大笑,但是细细品味起来,这句看似夸张的表达让每个人都深深体会到什么是"放之四海而皆准"的科学与真理。

教矿物学的李士博老师巧妙地把矿物的硬度按级别编成了合辙押韵的顺口溜:"滑膏方,萤磷长,石英黄玉刚金刚"。这样一来,钱学森很轻松就记住了这从低到高十级硬度的矿石:滑石、石膏、方解石、萤石、磷石、长石、石英、黄玉、刚石、金刚石。直到晚年,钱老依然能背得烂熟。

教生物的俞君适老师常常将学生们带到野外观察自然,采集制作动植物标本。有一次,俞老师把钱学森叫到办公室,说:"把这条蛇做成标本吧!"说着真的把一条蛇递到了钱学森面前。看着钱学森面露为难之色,他笑着说道:"呵呵,把它制作成标本不是挺好嘛!做这事儿啊,一是要胆量,二还要看技术哦!"被俞老师的"激将法"一激,钱学森那股子不服输的劲儿一下子被激了起来,他自信满满地看着俞老师,只说了一个字:"行!"在很久很久以后,钱学森回忆起这件事,还印象深刻:"这是我第一次制作标本,遇到不少困难,可是这件事儿锻炼了我的实践能力,让我永远铭记!"

教化学的王鹤清老师,课后还对学生们开放化学实验室,谁有兴趣随时都可以做化学实验,并接受老师的指导。

钱学森兴趣广泛,除了主修的理科外,还痴迷于许多人文学科。当时的北师大附中开设了许多选修课:音乐、绘画、文学、诗歌等。学生们有很大的自主权,想修什么都可以。如此一来,学生们的兴趣大多得到满足,知识面也得到了很大的拓展。钱学森在高一时就因为对文学感兴趣而喜欢上了写作,尤其是用文言文写文章小品。由于文学才能突出,在中学毕业时,被语文老师竭力劝说大学改学文科。钱学森自小就爱好音乐,上了中学后,音乐老师常用一部手摇机械唱机给大家播放唱片,教大家唱许多中外名曲,欣赏各种类型的乐曲,还为大家娓娓讲述音乐背后的故事。这使得钱学森越发觉得音乐的世界如此博大而美丽。他最爱听的是贝多芬的《第九交响曲》,不仅因为音乐本身散发出的巨大魅力,更因为这乐曲中回响着的贝多芬憧憬世界大同的声响,一直在钱学森心中激荡。钱学森良好的英语基础也是在中学阶段打下的,到了高中二年级,学有余力的他又继续选修了德语。

钱学森带着强烈的求知欲望、浓厚的学习兴趣在北师大附中这片充满生机的知识海洋中遨游,为自己未来的科学研究事业和精彩人生奠定了坚实的人生基石。

思想启蒙

钱学森个人的成长是幸运的、高品质的,接受的是堪称当时中国最好的教育。然而,我们每个人的命运都不是孤立的,始终与我们祖国的命运紧紧联系在一起。随着年龄的增长,在那样一个动乱的年代,钱学森越来越感到有一个沉甸甸的问题压在心上,那就是民族、国家的存亡问题——中国该向何处去?

北师大附中决不提倡学生"一心只读圣贤书,两耳不闻窗外事"。班主任、教授国语(语文)的董鲁安老师常常在课堂上议论时弊,引导青年学生们把眼光投向社会,关注时局。

1926年7月,由共产党员、国民党员、革命军人组成的北伐军,高唱"打倒列强,打倒军阀",从广东一路向着北方开进。这场暴风骤雨般的革命,是中国人民对帝国主义和封建军阀统治长期以来郁积的愤怒与仇恨的集中爆发。

董老师的课堂成为学生们了解时局的窗口。在他的课上,学生们了解了北伐,了解了北伐战争,深深感受到董老师对国民革命军的欢迎和对北洋军阀的厌恶,在董老师的影响下,北伐军的战况常常成为学生们私下谈论最多的话题。董老师常常就题发挥,把进步的思想与道理融入到看似离题万里的新闻、议论之中,被同学们笑称为"神聊"。他常常幽默诙谐地自我解嘲说:"呵呵,我是不是又神聊了!"逗得大家哈哈大笑。然而革命的道理就在这不经意的笑声中春风化雨般对学生们产生着深刻的影响。

有一天,在同学们午休闲聊时,一位学生说:"你们知不知道,二十世纪世界上有两位伟人?""是谁?是谁?"大家好奇地追问着。这位学生颇有些得意地说:"告诉你们吧!一位是爱因斯坦,而另一位呢,就是列宁!""你是怎么知道的?""图书馆里看到的呗!"

那时的中国还很闭塞,即使爱因斯坦创立了相对论,是名副其实的科学伟人,学生们也无从知晓。至于列宁这位革命伟人,他1917年领导的"十月革命"刚刚发生不久,在当时的时局中被冠上了"赤色反动"的帽子,因此,了解的人更是寥寥无几。

说者无心,听者有意。同学们的议论引起了钱学森的好奇。于是,他就去图书馆把两位世纪伟人的相关书籍全都找出来仔细阅读。尽管这类书很少,无法十分深入地了解,但是已经足以让钱学森对他们产生无比的崇敬感。

在中学时代,对钱学森影响深刻的还有一位重要的人,就是父亲钱均夫的好友鲁迅先生。

1924年1月17日,鲁迅应学校的邀请为教师们做了一场名为"未有天才之前"的著名演说,这篇演说后来还被收入到中学的语文课本中。虽然钱学森和同学们没有在现场聆听,但董鲁安老师很快在语文课上详细地向大家转述了演讲的全部内容。

鲁迅先生在演说中旁征博引、深入浅出地说明了一个道理:要想产生天才,必须得有能使天才成长的民众;没有祖国,没有人民,就没有天才,也没有英雄。他讲道,拿破仑率领军队过阿尔卑斯山时,曾豪迈高呼:"我比阿尔卑斯山还要高!"画面是多么英雄伟岸。但是,鲁迅先生特别提醒大家,此时的拿破仑之所以能如此彰显英雄气概,是因为在他身后站着许多忠实的士兵。而如果没有了这些士兵,这位伟人难免落得被敌人捉住的下场,那时如果再说出"我比阿尔卑斯山还要高"这样的话,恐怕听起来就是令人不解的"疯言疯语",完全谈不上英雄之举。鲁迅先生还举例说,要有好花,就得有好土,没有土,就没有花木。花木没有了土,就像拿破仑没有了好的士兵一样。

说完,董鲁安老师深情地对同学们说:我愿意像鲁迅先生一样，做一把泥土，培育你们这些花木。他还要求学生们多读鲁迅先生的文章，不要忘记自己是中国人，无论将来做哪一项工作，都要想到自己的祖国，想到自己作为一个中国人的责任。可以说，这个道理深入钱学森的骨髓，成为他一生坚守的重要信念。时至1935年，钱学森曾回母校看望老师们，特别想再求教于董鲁安老师。但那时，董鲁安老师已经离开了北师大附中，从事着进步工作。1942年，根据地下党组织的安排，董鲁安老师几经周折，抵达晋察冀解放区，受到聂荣臻将军的欢迎。

　　北师大附中六年光阴，不仅为钱学森奠定了学问上的基础，也在他的心田上播下了革命进步和爱国主义的种子。

人生道路的第一次选择

1929年,18岁的钱学森以优异的成绩从北师大附中毕业,但是,下面的人生道路该怎么走？要上什么样的大学,选择什么样的专业？钱学森面临着人生道路的第一次选择。

从唯一的蒙养院到一流的小学,从一流的小学到一流的中学,钱学森一直在父亲的安排下,走着一条最为正规的成才之路。因在学校中的表现既优异又全面,钱学森得到了许多老师的青睐,都希望钱学森能在自己所教授的学科领域中有所发展和建树。董鲁安老师希望钱学森改学文科,认为他极具文学天赋,完全可以成为一个作家;数学老师傅仲孙则反复嘱咐钱学森一定要选择数学系,认定钱学森在数学方面必定具有发展前途;而母亲章兰娟却希望钱学森子承父业,选择师范专业,成为一名老师,继续从事教育事业;父亲钱均夫十分开明地把选择权交给了钱学森,认为儿子已经长大成人,应该自主做出自己的选择。

此时的钱学森已经暗暗定下了自己的人生抱负——实业救国,做一个有所作为的时代青年。

辛亥革命后的中国，虽然已经打碎了封建帝制的桎梏，却依然受到封建主义和帝国主义势力的双重压迫，国家贫穷、落后。熊熊燃起的大革命的烈火由于蒋介石反革命集团的叛变，半途夭折。许多有志青年，决心继承和实践孙中山先生的革命理想，学习西方先进的科学技术，用自己的知识和技术走实业救国的道路。著名铁路工程学家詹天佑就是钱学森学习和崇拜的榜样。

詹天佑12岁就作为中国第一批官办留学生留学美国；1878年18岁时考入耶鲁大学土木工程系，专习铁路工程；1881年詹天佑以毕业论文《码头起重机研究》获得学士学位后，于同年回国。回国后，詹天佑怀着满腔的热忱，准备把所学本领贡献给祖国的铁路事业。但是，对于铁路的建设和发展，当时的中国无论是技术还是观念都还十分落后。

自从1825年世界上第一条铁路在英国建成，飞奔的火车就成为工业革命的象征，也成为一个国家跨入先进行列的重要标志。而之后的数十年内，当英、美等国大力发展铁路事业的时候，落后的中国还不知道铁路究竟为何物。当1865年外国人在北京铺设了两条0.5公里长的铁轨，火车轰隆隆开动起来的时候，许多中国人惊恐得像是看到了"妖物"。

几经挫折,詹天佑终于在1905年,顶住来自各方的强大压力,开始主持修建我国自建的第一条铁路——京张铁路(北京—张家口)。修建过程中,面对复杂的地形,詹天佑创造了"竖井施工法"和"人"字形线路,并因此而震惊中外。之后,他又筹划修建了沪嘉、洛潼、津芦、锦州、萍醴、新易、潮汕、粤汉等多条铁路,佳绩斐然。詹天佑以其对中国铁路事业卓越的、开创性的贡献获得了"中国铁路之父"和"中国近代工程之父"的赞誉,成为中国人民心中的民族英雄。令人惋惜的是,1919年,詹天佑因积劳成疾,病逝于汉口。

詹天佑的经历和事迹对钱学森造成了深刻的影响,他立志像詹天佑一样,为落后的中国修建更多的铁路。于是,他做出了几乎出乎所有人意料的选择——以他的优秀成绩,报考全国知名的清华大学、北京大学应该完全没有问题,然而,钱学森却毅然选择了上海的国立交通大学机械工程学院,专修铁道机械工程专业。他要继承詹天佑的遗志,走"铁路救国"之路。

1929年9月,钱学森以总分第三名的成绩,如愿考入了上海国立交通大学机械工程学院。

两个100分

钱学森就读的交通大学位于上海市西南角的徐家汇,当时还属于法国租界,在离学校不远的地方,就有一座建于1896年的法国中世纪建筑风格的天主教堂,至今依然完好无损地矗立在那里。

由于在中学时打下的坚实知识能力基础和超前的教育学习,钱学森在交通大学的第一年几乎是可以"玩"着过的。所学的课程,如解析几何、微积分、代数、有机化学、第二外语德语等,在北师大附中都已学过。尽管如此,钱学森依然自我要求严格,丝毫没有放松。

交通大学有着自己独特的办学传统和教育风格,崇尚"精勤求学、敦笃励志、果毅力行、忠恕任事"。它与以前就读的北师大附中相比,有一个明显的不同之处——十分注重学生的考试和分数,这未免让刚刚入学的钱学森有些不太适应。可他天生有着不甘示弱的个性,虽然对看重分数的做法不很认同,却也暗中较劲,学期终了,各门功课平均成绩都在90分以上,还获得了免交学费的奖励。现如今,在上海交大的档案馆里还保留着一份1932年机械工程学院的成绩单。其中,学号为469的学生就是钱学森,成绩位居全班22名学生之首。成绩单上清楚地记载着钱学森各门考试成绩:热力工程89分,机械实验90分,电机工程96分,电机实验94分,工程材料92.7分,机械计划91分,机械计划原理90分,金工实习86分,工程经济84.2分,总平均成绩为90.44分。而位居其后的第二名成绩仅为84.53分。关于考试成绩,在交通大学里一直流传着钱学森两个100分的故事。

这第一个100分来自于1933年的一次水力学考试。在1980年钱学森回母校时,金悫(què)教授拿出了自己珍藏了47年的"文物"——一份钱学森在1933年6月23日水力学科目的考卷,并讲述了一段这"珍藏"了47年的往事:

水力学考试结束,金悫教授阅卷后,对钱学森思路清晰、书写工整的答题全都用红笔打上了醒目的"√",给了满分100分。试卷发下来后,钱学森在重新阅卷时,突然发现了自己一个小小的失误,由于疏忽,有一道题在公式推导的最后一步,把"Ns"写成了"N",连老师都没有注意到。钱学森思忖片刻,心想:"分数固然重要,但决不能弄虚作假!"于是,他主动向金教授说明了自己在答题上的这一错误,要求扣分。这让金教授甚为感动,也甚为惊喜,于是改给了钱学森一个96分。

其实，金悫教授名字中的这个"悫"字，就是"诚实谨慎"的意思。我们的名字，常常包含着父母殷切的期盼。人如其名，金悫教授从小受到的家教就是"诚实谨慎"，成年后更是以"诚实谨慎"作为自己为人行事的座右铭。正因如此，金教授对钱学森主动改错的诚实举动十分赞赏，对钱学森这份试卷也非常珍惜，特地保留了下来。在以后漫长的岁月中，无论是抗日战争，随交通大学颠沛流离，迁至西南地区，还是在十年"文革"期间，受到"造反派"的冲击，金教授都把这份试卷珍藏在身边。现在，这份试卷被收藏在上海交通大学档案馆中。1996年，上海交通大学建校百年庆典上，它作为历史档案首次被公开展示。

第二个100分，是一份实验报告。钱学森特别重视实验课，做实验时也非常认真仔细。在一次热工实验结束后，钱学森写出了长达100多页的实验报告，完整、详尽地记录了自己在实验过程中观察到的各种现象和细节，并不时闪现创见，整个报告书写整洁，作图清晰。热工实验老师陈石英看了之后大为惊叹，给了100分的满分。这份实验报告也就成为交通大学机械工程系历史上最佳的学生实验报告。

在钱学森提到的对他一生有重要影响的17个人中，热工实验老师陈石英就是其中的一位。陈石英是著名的热力工程专家,1906年赴英国留学,后又赴美国留学,1913年回国,在交通大学任教长达67年,是交大历史上任职时间最长的教授。陈石英教授对钱学森的影响很大,被钱学森视为大学期间令他受益最多的恩师之一。由于陈石英教授做实验要求严格,被学生们敬称为"老夫子"。俗话说,严师出高徒。钱学森那份得到100分的热工实验报告,至少可以说明两个问题:一是说明钱学森严谨的科学态度,做一个普通的实验,也能坚持一丝不苟,这对一个年轻的大学生来说,实属不易;二是说明钱学森撰写的实验报告确实很好,在以严格著称的陈石英老师眼里,居然也没有挑出一点毛病,给了满分,更属不易。钱学森对陈石英教授高超的授课艺术甚为敬佩。陈教授学术精深,给学生们授课,从不用讲稿,每每下课铃响时,他在黑板上的书写也刚好画上句号。日后,钱学森成为教授时,就将陈教授作为榜样,给学生们讲课也十分严谨精确,受到学生们的敬佩。钱学森回忆说:"专业基础课中给我教育最深的是陈石英先生,他讲工程热力学严肃认真而又结合实际,对我们这些未来工程师是一堂深刻的课,我对陈先生是尊敬的。"

两个100分让我们看到的是一位治学严谨的钱学森,从学生时代起就坚持一丝不苟的治学态度是钱学森在学问上、工作上、科学事业中创造伟绩的重要因素。

人生第一场风暴

1930年夏天,暑假临近结束,钱学森就要在新的学期升读大学二年级了。可就在此时,一路坦途的他却遭遇了人生的第一场风暴,甚至受到了死神的挑战与威胁——他突然腹泻、头痛,高烧40℃,皮肤上还出现了许多玫瑰斑疹,这来势汹汹的疾病让一贯身体健康的钱学森一下子卧床不起,经医生诊断,他竟然患上了伤寒!

伤寒是伤寒杆菌随着被污染的水或食物进入了人的消化道而引发的一种严重疾病。患者会持续发烧,甚至死亡。伤寒的传染性很强,在当时的医疗水平下,往往很难治愈。据史料记载,19世纪50年代,在欧洲曾经发生了一场争夺巴尔干半岛的战争,英国、法国、土耳其、俄国等参战的国家共死亡了50万人,而其中,仅有5万人因战伤而死,而另外45万人都死于伤寒。尽管现在的西医治疗伤寒已不是什么困难的事儿,一般只要为患者选用抗生素就可以治愈。而在当时,虽然英国细菌学家弗莱明已于1928年发明了青霉素,可直到1944年抗生素才传入中国。所以,钱学森患病后,医生还没有十分明显有效的治疗手段。

那时,钱学森的父亲钱均夫已于1929年调任浙江省教育厅督学,举家迁回杭州。钱学森生病后被接回家中治疗,回到了幼儿时代的家——方谷园2号。钱均夫为钱学森请了一位中医。这位中医给钱学森开了一个偏方:每日三餐豆腐乳卤加稀饭,连吃三个月!三个月后,钱学森的伤寒居然治好了,但由于长期缺乏营养,钱学森体质变得十分虚弱。那位中医又介绍钱学森去找一位气功师进行调理,结果彻底去除了病根儿。

为了养病,钱学森向学校申请休学一年。这一年,钱学森住在家中,与父母相伴,度过了他一生中十分难忘的美好时光。在养病的日子里,一家人常常去美丽的西子湖畔散步。绿柳拂面,轻舟荡漾,令人心旷神怡。但好学的钱学森去的最多的地方,还是图书馆和书店。这一阶段的阅读和学习对他今后人生的走向产生了巨大影响。

因为爱好音乐和美术,钱学森常常关注艺术理论方面的书籍。一次,他在书店买了一本讲艺术史的书。这本书由一位匈牙利的社会科学家运用唯物史观写作而成。对当时的钱学森来说,这是一个新鲜的理论和角度——他第一次看到运用科学来分析艺术,第一次感受到了唯物史观理论的力量。于是,钱学森对这一理论发生了莫大的兴趣,接着,他又有意识地找更多这方面的书来看。其中的两本书令他印象深刻。

一本书是1930年7月由上海光华书局出版、鲁迅先生翻译、普列汉诺夫所著的《艺术论》。普列汉诺夫是俄国马克思主义最重要的早期传播者。1882年,他用俄语翻译出版了由马克思、恩格斯共同起草的《共产党宣言》,被誉为"俄国马克思主义之父"。他的艺术理论被鲁迅认为是"给马克思主义艺术理论放下了基础"。

另一本书是由上海江南书店在1929年出版、由布哈林所著的《辩证法的唯物论》。布哈林是苏联和共产国际的主要领导人。1917年,他作为布尔什维克党的中央委员,参与领导了俄国"十月革命",建立了苏维埃红色政权。他所著《共产主义ABC》一书,与《共产党宣言》一起,曾经影响了中国共产党早期许多领导人。

为了比较鉴别,钱学森还选读了很多西方哲学史方面的书,也看了胡适的《中国哲学史大纲》。他边阅读边思考,最终还是深深感到只有唯物史观和辩证唯物主义才真的有道理,他越来越接受和信服科学的社会主义,而不再相信当权的国民党的那一套。

另外,在休学期间,钱学森与堂弟李元庆有了许多交往。李元庆比钱学森小3岁,就读于杭州国立艺术专科学校,学习钢琴、大提琴,后来成为著名的大提琴家。李元庆由于思想进步,遭到国民党的抓捕。为了躲避,李元庆住进钱学森家。他经常为钱学森分析民族危亡的现状,表达早日唤起全中国各民族伟大觉醒的强烈愿望,还向钱学森偷偷传阅《辩证唯物主义》《共产党宣言》等进步书籍。

在这一年中,钱学森虽然遭遇了人生的第一场风暴,但却因祸得福——他不仅在身体上恢复了健康,更在思想上有了质的飞跃。他曾深有感触地说:"这一年是我思想上有大转变的一年。我在这一年里,第一次接触到科学的社会主义思想,在我脑筋里树立了对共产主义的信念。"

改变志向

1931年9月初,病愈后的钱学森回到了上海,继续在交通大学上学。回到学校没几天,一件关系中国命运、震惊全国的重大历史事件发生了。

1931年9月18日,根据不平等条约驻扎在中国东北地区的日本关东军,突然向沈阳城外北大营的中国东北军发动进攻。这就是震惊中外的"9·18"事变。事变发生时,日本关东军不过1万余人,而东北地区的中国军队有近20万人。但在蒋介石"攘外必先安内"的方针下,国民党军一心只想围剿主张抗日的工农红军,而对日本的侵略放弃抵抗。事变发生后,蒋介石的南京政府就电告东北军:"日军此举不过寻常寻衅性质,为免除事件扩大起见,绝对抱不抵抗主义。"由于蒋介石政府执行不抵抗政策,第二天,日本军队就轻易地侵占了沈阳、长春等20多个城市。之后在4个月内,东北三省全部沦陷,东北人民陷入了水深火热的亡国之痛中。不久,在日本军国主义者的扶持下,东北地区宣布成立了名义上由清朝末代皇帝溥仪"执政"(两年后改称"皇帝")的伪满洲国。

全国人民愤怒了!北平(今北京)、上海、南京、广州、武汉等地的学生、工人、市民群情激奋,纷纷举行游行示威,罢课罢工,发表通电,强烈要求国民党政府抗日。钱学森尽管身体刚刚恢复,也毅然投入了时代潮流,上街参加抗议游行。人们高唱由田汉作词、聂耳作曲的《义勇军进行曲》,喊出亿万中国人民心中的满腔悲愤:"中华民族到了最危险的时候,每个人被迫着发出最后的吼声!"正是这首激励了亿万中国人民的歌曲在新中国成立时被定为我国的国歌。

日本军国主义者有恃无恐,在占领东北三省后,又把觊觎的目光投向了上海。他们精心策划了一个阴谋:1932年1月18日,日军唆使5名日本僧人向上海工人义勇军挑衅,制造事端,再反咬一口诬陷义勇军袭击了日本僧人。1月28日午夜,日本海军在沪舰队司令官以"保护日侨"为借口,调集了1800余名海军陆战队队员、4000余名武装日侨、数十辆装甲车,向驻守在闸北区的中国军队突然发起了袭击。驻守上海的国民革命军第十九路军官兵们,在全国抗日救国运动的影响下,奋起反抗,震惊中外的"1·28"淞沪抗战由此打响。第十九路军在总指挥蒋光鼐、军长蔡廷锴的指挥下,在战斗打响一周后,也没有让曾扬言"4小时即可结束战斗"的日本军队攻占闸北。

"1·28"淞沪抗战的爆发,再次激发了全国人民的抗战热潮。上海市民用各种形式支援第十九路军的抗战。由孙中山先生的夫人宋庆龄发起,在交通大学办起了国民伤兵医院。交通大学当时的地理位置独特,前门开在法租界,后门则在华界的虹桥路。大批伤兵通过虹桥路被送入了交通大学。当时的交通大学校长黎照寰是孙中山先生生前的好友,他义无反顾地决定把交通大学最好的学生宿舍——执信西斋腾出来用作伤兵医院。执信西斋建于1929年,是栋欧式的马蹄形楼房,中间三层,两侧各两层。这里就是钱学森的学生宿舍。钱学森和同学们虽然迁出了执信西斋,但常常回来看望伤兵,做些力所能及的活儿。他们亲眼看到,宋庆龄和廖仲恺的夫人何香凝,换上了白色护士服,不辞劳苦地奔忙穿梭于病床之间,精心照顾着伤兵,敬佩之情,不禁油然而生。

5月5日,蒋介石政府与日本政府签订了丧权辱国的《上海停战协定》。这一协定把上海划为"非武装区",中国政府不得在上海至苏州、昆山一带地区驻军,而日本则可以继续在这些地区驻军。中国军队浴血奋战的"1·28"淞沪抗战,换来了这样的结局,令全国人民愤怒。张治中将军愤恨地说："这是沉痛的收场。"

"9·18"事变和"1·28"淞沪抗战使钱学森的思想经历了一次痛苦的炼狱。他第一次真真切切地感受到了国民党政府的软弱和亡国的伤痛。他看到,日本空军凭借空中优势,掌握了制空权。日本空军的飞机,不仅对中国军队实施空中打击,遏制了中国军队的战斗力,而且狂轰滥炸,造成了大量中国士兵和平民百姓的伤亡。中国要有自己的强大空军!

中国许多有识之士也早已看到了这一点,纷纷呼吁,发展中国自己的航空事业。1933年年初,也就是"1·28"淞沪抗战后的第二年,国民党政府组织成立了中华航空救国会(后更名为中国航空协会),并举办了"航空救国飞机捐"活动,宣称要"集合全国民众力量,辅助政府,努力航空事业"。"航空救国"最初是由孙中山先生提出的,而最早把"航空救国"付诸行动的则是中国飞机设计师冯如。

冯如,原名冯九如,1884年1月12日出生于广东省恩平县一个贫苦农民家庭,12岁随父漂洋过海到美国谋生。在美国,他目睹了先进的机器制造工业,认为国家富强必须有赖于机器制造,于是立志为中国图强。他白天当勤杂工,晚上攻读机械学,苦心钻研10年,成为一名精通机械和电器技术的专家,先后研制发明了抽水机、打桩机、发电机、无线电收发报机,在美国颇负盛名。1903年,美国的莱特兄弟发明了依靠动力持续飞行的双翼飞机,并在美国的北卡罗来纳州进行了首次飞行。尽管这次飞行的时间只有12秒,飞行距离仅为36.5米,但这是人类历史上第一架由人驾驶、飞上空中的飞机。这一消息激发起了冯如空前的创造热情,他开始致力于探索飞机的设计和制造。1904年,日俄发生战争,而进行战争的地方竟是中国的东北境内,中国百姓惨遭战争蹂躏。这件事,对冯如震动很大。他决心一定要为祖国制造出飞机,并发出"苟无成,毋宁死"的豪壮誓言。1909年9月,在莱特兄弟研制成功第一架飞机6年之后,冯如也设计成功并制造了他的第一架飞机,取名"冯如一号"。9月21日,在美国的奥克兰,冯如驾着飞机进行了首次飞行。飞机升至四五米高,绕着一个小山丘,飞行了大约800米后安全着陆。冯如设计制造的飞机,外形与莱特兄弟制造的飞机相似,也是双翼构架式机身,发动机安装在下翼中央,但改进了着陆装置,起落架末端安装着4个轮子,显示了良好的飞行性能,从而使中国跻身于早期世界航空之林。冯如制造飞机的成功,震惊了西方。美国媒体称冯如为"东方的莱特",并惊呼"在航空领域,中国人把白人抛在后面了"。1910年,冯如又设计制造了更加先进的"冯如二号"。冯如回国后,辛亥革命爆发,他义无反顾地加入了革命洪流,被任命为广东革命政府的飞机长,领命组建了广东飞行器公司,这是中国第一个飞机制造厂。在这里,冯如制造了一架新的飞机。1912年8月25日,冯如驾着这架飞机在广州燕塘进行了飞行表演。在飞行了8000米后,冯如驾机升高,由于操纵过猛,飞机失速坠地。冯如身受重伤,送医院抢救不治,以身殉国,年仅29岁。冯如弥留之际,留下遗言:大家万万不可因为我的死而丧失了进取之心!冯如牺牲后被追授为陆军少将,遗体安葬在广州黄花岗,并立碑纪念。抗日战争的爆发,使人们再次意识到"航空救国"的重要性,想起了航空先驱冯如。鲁迅先生用锐利的笔触告诉人们:救国,是件实实在在的事情,不尚空谈,需要脚踏实地、目标明确。交通大学也于1933年的下半年,由外籍教师 H. E. Wessman 开设了航空工程课程,学生可以选修。钱学森毫不犹豫地选修了这门课程。当时,选修航空工程课程的共有14名学生。连续两学期,钱学森的成绩一直是他们中间最好的。

  1934年,钱学森以全专业第一名的成绩,从交通大学毕业。按照他的成绩以及交通大学在铁道部的地位,他几乎可以十拿九稳地在铁道部找到一份很好的工作,按当时的工资标准,月薪在60大洋以上,足够过上非常舒适的生活。但这不是钱学森想要的生活。几年来,钱学森对自己下一步的人生规划已经有了新的想法。他毅然决定改变志向,大学毕业之后,要从铁道机械工程专业转向航空工程专业,像中国航空先驱冯如一样,走"航空救国"的道路。

钱学森在他70岁高龄时,谈到青年人学习成才动力时说:

我们学习并不是只为了有饭吃,我们学习的目的,就是为了建设祖国,振兴中华。为什么我们有这样的想法?因为我们爱国,不,可以说我们热爱祖国!这种强烈的爱国主义思想又是怎样产生的呢?那时中国是一个半封建半殖民地的国家,受尽了帝国主义的欺侮和压迫。每个中国青年,都强烈地感觉到"三座大山"压在自己身上,唯一的出路就是推翻"三座大山"。我们这些在上海读书的青年,都看见黄浦江畔外滩公园的门上,挂着一块"华人与狗,不得入内"的牌子,把我们中国人和狗排在一起!想到这些,使我们热血沸腾,下决心学习救国的本领。有了这个学习的动力,就什么困难也不怕,真是死都不怕。

幸遇伯乐良师

20世纪30年代的中国贫穷落后,更谈不上有什么先进的航空工业。要想实现"航空救国",只有走出国门,学习西方先进的航空技术。

钱学森有两个选择,去意大利或去美国。因为去这两个国家,可以报考公费留学生。但是,要去意大利留学,有一个让他无法接受的先决条件,就是得先加入国民党空军,留学后,要为国民党空军服务。所以,钱学森选择了去美国留学。

当时在清华大学设有一个去美国的"庚子赔款"公费留学生项目。说起"庚子赔款",里面有一段屈辱的历史:1900年八国联军攻打北京后,腐朽的清政府与帝国主义列强签订了屈辱的《辛丑条约》,被侵略的中国反而要付给各个侵略国共计四亿五千万两白银的赔款,并以各国货币汇率结算,按4%的年息,分39年还清,这样算来,连本带息总数高达10亿两白银。1900年为农历庚子年,这笔赔款就被称为"庚子赔款"。在这笔赔款中,美国实际分得了2500万美元,比它向中国的实际索赔额多出一倍。对于多出的钱,当时的美国总统罗斯福决定"还"给中国。但是,侵略者永远不会有菩萨心肠。美国政府只不过是想得更加长远,他们决定用这笔钱建立一个中国学生赴美留学的奖学金,企图通过培养一批又一批接受美国教育的中国精英,从思想上、知识上达到长久控制中国的目的。正如美国伊利诺大学校长詹姆士说的:"哪一个国家能够做到教育这一代中国青年人,哪一个国家就能由于这方面所支付的努力,而在精神和商业上的影响取回最大的收获。"但是,令美国人没有想到的是,这个留学生计划为中国培养出了一大批优秀的人才,却未能改变他们强烈的爱国精神。他们运用在美国学习的先进科技知识为祖国服务,为祖国抵抗帝国主义的侵略做出了巨大贡献。

1934年,钱学森与来自全国各地的大学生竞争20个赴美留学的席位,并幸运地胜出,考取了清华大学"航空机架"专业留美公费生。之所以说"幸运",是因为钱学森遇到了一位能识千里马的伯乐——主持招考工作的清华大学理学院院长叶企孙先生。

叶企孙,1898年7月16日出生于上海的一个书香门第。1918年从清华学校毕业之后考取"庚子赔款"留美公费生前往美国留学,先后就读于芝加哥大学和哈佛大学物理系,并于1923年获哈佛大学哲学博士学位。1924年回国。1925

年清华学校创立大学部,他主持创建清华物理系并出任系主任。1929年,清华大学理学院成立,叶企孙出任院长。此后长期担任清华大学理学院院长兼物理系主任。叶企孙先生不仅是一位优秀的物理学家,而且是一位杰出的教育家。他亲自培养了我国一大批著名科学家。在"两弹一星"的23位元勋之中,有10位是他的学生。此外,杨振宁、李政道、林家翘、戴振铎、王竹溪、钱伟长等著名科学家也皆出于他的门下。正因为这样,叶企孙被誉为"培养大师的大师"。叶企孙长期主管清华庚款留学基金。清华大学每年选派留美公费生,均由叶企孙定夺。他指导和选派过的多名留学生,大都成长为新中国各门学科的带头人,这证明他十分有识才的眼力。

"9·18"事变后,大批日本轰炸机掠过中国上空,掷下成千上万的炸弹,使叶企孙意识到中国必须培养自己的航空人才,以求发展航空工业和空军。1933年,叶企孙在清华大学选派的留美公费生中,选中了毕业于交通大学唐山工程学院的林同骅,使他成为清华大学第一个"航空机架"专业留美公费生。林同骅学成归国后就成功设计并制造了中国首架运输机。在1934年的遴选中,叶企孙注意到了钱学森这个"特别"的学生。原来,不知什么原因,向来擅长数学的钱学森,在报考清华大学留美公费生的考试中,竟然在数学科目上挂了红灯,考了不及格,并且其他科目的成绩也不理想,但他的"航空工程"这门课程却得了87分的高分。叶企孙先生看出钱学森有志于"航空工程"的学习,于是决定对他破格录取。清华大学一向有着不拘一格选人才的优良传统:钱钟书在报考清华大学时,数学不及格,仍被录取;吴晗两次考试数学皆为0分,也被清华大学破格录取……可以说,如果没有叶企孙破格录取钱学森,钱学森当时也就无法到美国留学,也就不会成为冯·卡门的学生。钱学森的历史将被完全改写!

叶企孙这位"培养大师的大师",在1934年除了破格录取钱学森为清华大学"航空机架"专业留美公费生之外,还亲自为钱学森聘请了王士倬、钱昌祚、王助三位航空工业名家组成指导小组。按照清华大学的规定,凡选派出国的留学生,必须由学校指派导师补习一年的课程,于是叶企孙就为钱学森选派了三位教授组成导师组,对他进行具体指导。这几位导师都是当时中国顶级航空工程专家,由他们对钱学森的学业做出精心筹划和严格安排,使其在国内补修了航空工程基础知识。

导师之一的钱昌祚1919年从清华学校作为庚款留学生

前往美国,1922年在麻省理工学院机械工程系毕业后改读航空工程研究班,1924年获硕士学位。他安排钱学森先到杭州中央飞机制造厂、南昌第二航空修理厂和南京第一航空修理厂参观实习,后来又派到上海海军制造飞机处实习,再到北京清华大学接受导师的辅导。丰富的见学实践活动使钱学森学到了许多从未接触过的航空知识,了解了航空工业的生产实践过程,为他攻读航空专业打下了初步的基础。

钱学森在实习的笕桥机场第一次见到了他的另一位导师、鼎鼎大名的飞机设计师王助教授。2006年4月,胡锦涛主席在美国西雅图访问波音公司时,公司总裁曾详尽地向胡主席介绍王助对波音的贡献。王助是波音公司第一位设计师,他为波音设计了第一架商用飞机,因此有人把王助称为"波音之父"。王助,在1909年年仅16岁时就被清朝大臣选中到英国留学,1915年9月,转往美国麻省理工学院学习航空工程,获得航空硕士学位,这是中国人第一次获得航空工程学位。1917年,王助被聘为波音飞机公司第一任总工程师。他设计出乙型水上飞机,一下卖出50架,使波音飞机公司赚到了"第一桶金"。就在王助成为波音公司的顶梁柱的时候,美国的种族歧视使他无法忍受。作为总工程师的他竟然无法进入测试场地对自己设计的飞机进行测试!王助忍无可忍,毅然回国。1931年,王助出任中国航空公司总工程师。王助很喜欢聪慧好学的钱学森,他教导钱学森务必重视工程技术实践和制造工艺问题。他也被钱学森列入了曾经对他产生过深刻影响的17位先辈之一。

钱学森在结束了实习之后,回到离别五年的北京。在清华大学,钱学森面见导师王士倬教授。王士倬比王助年轻12岁,只比钱学森大6岁。跟王助一样,王士倬也是在美国麻省理工学院获得航空工程硕士。他主持设计、建造了中国第一座风洞,是中国航空事业的先驱人物之一。王士倬教授说,虽然飞机是美国莱特兄弟在1903年发明的,但是中国人很早就有着飞天梦想,鼓励钱学森继续实现中华民族的飞天梦。

常言道:一道篱笆三个桩,一个好汉三个帮。在三位名师的指导下,毕业于铁道工程专业的钱学森,终于迈入了航空工程的大门。经过一年的实习,1935年8月,钱学森负笈东行,踏上了远赴大洋彼岸的留学深造之路。

三、他乡求学

● 虔诚而贪婪的求知欲望、强烈的民族自尊心、千里之外风雨飘摇中的祖国,无时无刻不在鞭策着他,使他不能有半点懈怠之心。

崭露头角

1935年8月,钱学森乘坐"杰克逊总统号"邮轮,经过20个日日夜夜的海上颠簸,来到了美国,进入了在工程学科方面蜚声学术界的美国麻省理工学院航空系攻读硕士学位。

麻省理工学院在美国科技工程方面首屈一指,它和美国的历史一样古老而悠久。麻省理工学院的办学宗旨是:基础科学与应用科学并重,教学与科研相结合,学校教育与社会需要相结合。学院坐落于波士顿剑桥镇,这里风景秀丽,环境幽美,占地120多亩,沿查尔斯河绵延3公里,古朴肃穆的建筑群沿江矗立。学院没有主校门,面对着查尔斯河的就是中心校园主楼,这里空气清新,绿草如茵,达尔文楼和牛顿楼犹如两位科学巨擘(bò)的地位一样,令人仰视。中间的古希腊式建筑是学校的主行政楼。麻省理工学院精英云集,被誉为"世界理工大学之最",曾有78位诺贝尔奖得主在这里学习和工作。

钱学森很快发现这里的教学方式与交通大学的教学方式有很大不同:学习环境非常宽松,十分有利于发挥学生的独立思考能力与学习主动性,这非常适合钱学森的学习特点。这个个子不高、有着一双乌黑大眼睛的中国学生,很快便脱颖而出——他才华横溢,学业成绩优秀得超乎寻常。对钱学森的才能最感到吃惊的是数学老师,他对抽象概念的理解力,进行逻辑推理的能力以及解决问题的技能、技巧,都远远超出一般学生。大家暗自惊叹,麻省理工学院来了一位中国的高材生。

钱学森的学业成绩在班里是最为突出的。有一位教授考试时出的都是偏题、怪题,不少学生都考了不及格。大家都愤愤不平地认为教授是在有意令他们难堪,于是一部分人聚集起来,准备到这位教授那儿去抗议说理。令大家惊讶的是,他们刚走到教授的办公室门口,就看到紧闭的门上端端正正地贴着一张试卷,答案全都正确,尤为醒目的是试卷上教授给出的一个大大的"A",前面还连打了三个"＋"号！细看下去,整张试卷干净整洁,甚至没有一处修改和涂抹的痕迹,足以证明答题者不仅会答,而且答得毫不费劲儿,完全是一口气答下来的。再看姓名——钱学森。想要闹事的学生一看傻了眼,再也不敢敲门找教授评理了。

在初到美国的日子里,钱学森虽然在学习上游刃有余,在生活上却有些不习惯,尤其是某些美国人瞧不起中国人的傲慢态度使他十分生气。

有一次,一个美国学生当着钱学森的面耻笑中国人抽鸦片、裹小脚,钱学森当下向他挑战:"我们中国作为一个国家,是比你们美国落后;可是作为个人,你们谁敢跟我比一比!"周围的美国学生听了,都伸了伸舌头,知难而退了。

还有一次,一个美国同学用狡黠的眼光看着钱学森,问道:

"钱,你是不是有犹太人的血统?"

钱学森郑重而又充满自豪感地对他说道:

"你错了,我是一个中国人!我的祖先世世代代生长在有着几千年历史文化的中国。"

学校当局也明白地看到了这一点。他们发现,尽管中国经济非常落后,然而,中国留学生的学习基础、领会能力绝不比美国学生差,而中国学生的勤奋好学精神与学习的目的性,则远远超过了美国学生。在中国留学生中,一种强烈的民族自尊心和自豪感,牢牢地占据着他们的心,成为他们巨大的学习动力。

钱学森的目光现实而又深远。他认为,美国有先进的科学技术,自己必须抱着虔诚的态度刻苦学习,绝对不能匆匆地来美国却白跑一趟。但是,学习绝非为了个人的锦绣前程,在出国前夕,钱学森就与同窗好友约定:学好本事报效祖国。正如他自己说的:"我到美国去,心里只有一个目标,就是要把科学技术学到手,而且要证明我们中国人可以赛过美国人,达到科学技术的高峰。这是我的志向。"

钱学森为了向世人证明一个中国青年的实力,为了实现自己报效祖国的目标,以超人的毅力孜孜不倦地学习着。他明白在美国这个科技发达的国家里,要学的知识非常多,于是,虔诚而贪婪的求知欲望、强烈的民族自尊心、千里之外风雨飘摇中的祖国,无时无刻不在鞭策着他,使得他不能有半点懈怠之心。在景色秀丽的查尔斯河畔,在古色古香的布里奇市,他从没有闲情雅致驻足欣赏身边的景色,参观游览历史古迹,而是将全部时间都投入到学习中去。

就这样,钱学森只用了短短一年时间就拿下了飞机机械工程专业的硕士学位,并戴上了麻省理工学院的硕士方尖帽。那年,他还不到25岁。

突闻噩耗

钱学森来到美国麻省理工学院半年之后,便收到了父亲寄自上海的一封家信,传来了母亲病故的噩耗。对他来说,这无异于晴天霹雳,让他撕心裂肺。信未读完,钱学森已泪眼模糊,恨不得大哭一场。但是,这毕竟不是在国内。强烈的悲痛使他无法平静,他踉踉跄跄冲向室外,奔向校园的草坪,奔向坎布里奇的树林,奔向查尔斯河畔……

钱学森漫无目的地走啊,走啊,对眼前的一切似乎都视而不见,脑际里唯有母亲的音容笑貌。不知走了多久,他才回到宿舍。然后,伏在案头,铺纸提毫,饱蘸心血,勾勒出一幅母亲的肖像,一幅他心目中的母亲的肖像。她慈祥、俊秀,一双慧目永远都在期望着他,关照着他……

钱学森把母亲的画像挂在案头,以便时时仰望母亲的笑容,回味母亲的教诲。

钱学森从藤条箱中拿出临行前母亲为他绣的那方手帕,端端正正地铺放在桌案上,还是那朵亭亭玉立的荷花。睹物思人,钱学森再次陷入了悲痛的回忆之中。他想起了母亲如莲花般高洁的品性,想起了北京旧居那口特大的雕花水缸里养育的莲花,想起了母亲时常吟诵的北宋哲学家周敦颐的名作《爱莲说》……母亲那清脆而轻柔的声音,仿佛真的又在耳边回响:

水陆草木之花,可爱者甚蕃。晋陶渊明独爱菊。自李唐来,世人甚爱牡丹。予独爱莲之出淤泥而不染,濯清涟而不妖,中通外直,不蔓不枝,香远益清,亭亭净植,可远观而不可亵玩焉。

予谓菊,花之隐逸者也;牡丹,花之富贵者也;莲,花之君子者也。

……

钱学森在心底也轻声附诵着这脍炙人口的华章。在他的心目中,那莲花就是母亲,就是母亲那通达的内心和纯洁灵魂的化身。

男儿有泪不轻弹,只因未到伤心处。

这一夜,钱学森眼在流泪,心在滴血。他抚摸着母亲亲手绣制的手帕,像是投入了母亲的怀抱……

12年后钱学森回国探亲时,父亲向他描述了母亲离去那天的情形:"那天是个阴沉沉的雨天,但在最后一刻天放晴了。你母亲突然睁开双眼,像是在寻找什么,她用颤巍巍的声音说道:'天晴了,学森该……该回……回来了!'"

"我说:'是的,天放晴了,飞越太平洋的新航线就要开通了,咱们的学森就要坐飞机回来了,你千万要等他呀!'你母亲吃力地点点头,安详地闭上了双眼,她也许是在耐心地等你回来。可是,她终究没能见到你。她带着对独子的深深思念,离开了我,离开了这个世界。"

说罢,老父亲呜呜地痛哭起来。钱学森也早已抽泣得说不出话来。过了一会儿,父亲慢慢地从枕下摸出了一页泛黄的小纸片,递到钱学森手里。钱学森打开小纸,一眼就认出那是母亲娟秀的手迹:

窗外细雨飞,老妇命垂危。夫君煎药苦,盼子子不归。

诗笺上泪痕斑斑,那是一位慈母思念远方游子的泪水啊!钱学森手捧母亲临终前留下的诗笺,再也无法控制自己的悲伤,放声大哭起来。

重新抉择

1936年8月,钱学森取得了硕士学位,也结束了在麻省理工学院的学习。按美国麻省理工学院的办学规定,钱学森必须去飞机制造厂实习。然而,他没有料到,美国的飞机制造厂只准许美国学生去实习,而不接纳外国学生。这也让他想起了自己的导师王助的经历——已经身为总工程师的王助也无法进入飞机测试场地!一个总是标榜自己民主自由、平等博爱的国家,居然存在着如此严重的种族歧视,钱学森再次深深感到祖国的自主和强盛是多么的重要与可贵。

挫折和困难动摇不了钱学森为祖国发愤学习的决心。既然学习航空工程走不通,他决定改学航空理论,并大胆地毛遂自荐,投师于美国加州理工学院任教的世界航空理论权威冯·卡门教授。钱学森十分幸运,冯·卡门这位以学风严谨著称的"超音速飞行之父"竟然破天荒地接收了他。

钱学森因为获得名师指导而激动不已,将这一喜讯与自己改学航空理论的事告诉了父亲钱均夫。他在信中写道:

父亲大人膝下：

敬禀者：儿学森怀着异常兴奋的心境，向大人报告一个喜讯：我自10月份起，转学加州理工学院，投师于非常杰出的空气动力学权威冯·卡门。冯·卡门教授于加州理工学院主持航空学系。全世界的科学界对这位大师都极为向往。大师的治学态度极为认真，只有基础扎实、最守纪律的学生，如德国人、日本人和我们中国人，才有资格在他手下从事研究工作。总之，冯·卡门的谦逊和热情，对事业一丝不苟的态度，以及严谨的治学精神，皆给儿以很大影响。儿将追随这位大师攻读空气动力学，也将在这位大师身边度过对儿一生事业具有关键意义的时光……

钱学森迅速地收到父亲钱均夫的回信，出乎意料的是，父亲对自己由航空工程改学航空理论的选择不以为然，明确表示反对，并在信中写道：

重理论而轻实际，多议论而乏行动，是中国积弱不振的一大原因。国家已到祸燃眉睫的重要关头，望儿以国家需要为念，在航空工程上深造钻研，而不宜见异思迁……

钱均夫是一位具有现代意识的开明父亲，他对钱学森的选择是尊重的，不过，1936年中国国内的局势令他对钱学森将来的择业不能不有所考虑。

继1931年"9·18"事变中国东北沦为日本帝国主义的殖民地之后,日本侵略者对中国一步步地逼进,把侵略魔爪已经伸向了华北地区。当时日本政府肆无忌惮地叫嚣"日本是亚洲的主人",吞并中国之心昭然若揭!身为爱国知识分子的钱均夫,目睹祖国山河破碎,民族危亡,终日食不甘味,夜不安枕。他迫切希望儿子能早日学成归来,多造飞机,抗击日寇,报效祖国。但是,儿子突然间改学航空理论,这令钱均夫大为失望。

这年,父亲的好友、蒋英的父亲蒋百里偕家人到欧洲国家考察,主要任务是了解各个国家对德、意、日三国日益暴露的侵略野心和侵略行为及其严重后果的看法,以及可能采取的对策。在办完访问欧洲的事务之后,又专程转道来到美国看望钱学森。一是受好友钱均夫的委托,了解钱学森改学航空理论的详细情况,并尽力做些说服工作;二来蒋百里夫妇一直十分喜欢钱学森这个聪明懂事的孩子,也始终关怀着钱学森的发展前程。

蒋百里来到加州理工学院,与钱学森进行了一次倾心畅怀的长谈。交谈中,蒋百里惊喜地发现,钱学森到美国一年多的时间,进步很快。他感到钱学森考虑问题不仅思路宽广,而且高瞻远瞩,在做出决定之前,一定是经过深思熟虑,知道为何要这么做,应该如何去做。这个年轻人的深刻和周密,已经远远地超过了他的同龄人!

至于为什么要改学航空理论,钱学森向蒋伯伯耐心地进行了解释和分析:西方国家航空工业十分发达,中国工业基础薄弱,如果从事飞机制造业研究,短期内很难超越西方国家。而如果掌握了航空理论,则能实现跨越式发展,完全有可能迎头赶上,甚至超越西方。

听完钱学森的分析,蒋百里觉得钱学森的说法十分有道理,他默默地看着这个年轻人,似乎已经能够感到他未来不可限量的前途!

蒋百里对钱学森说:"你的想法是对的,我非常赞同。你只管在这里好好求学,你父亲心中的疑虑,相信我会去说服的。"

蒋百里回国后,迅速把钱学森的情况告诉了钱均夫。在谈及钱学森改学航空理论的问题时,他直率地批评了老友:

"你忽视航空理论是一个错误。按照英德两国航空工业发展的新趋势,工程与理论早已经一体化了,工程是跟着理论走的。而且,美国是一个富国,中国是一个穷国,美国造一架飞机如果有新的设想,能够立刻拆下来重新改造,中国限于财力、物力,不可能有这么大的气魄。因此,中国人学习航空工程,更应当在理论上多下工夫啊!"

钱均夫思考片刻,默默地点了点头。他毕竟是一位开明的现代知识分子,一经点拨,审时度势,便从心底里解开了心结,理解了儿子做出的选择。从此,他对钱学森更加全力支持。

研究方向的转变使钱学森的人生旅程发生了根本性的转折,也使得他此后在空气动力学研究和航空技术方面取得了很多成就。获得博士学位之后,导师冯·卡门把钱学森留在身边工作。很快,钱学森就在数学和力学这两个领域中小有建树。

师从卡门

1936年秋天,钱学森飞到了洛杉矶,直接来到了洛杉矶市郊帕萨迪纳加州理工学院,因为加州理工学院同样是美国著名的理工科大学之一,有着最负盛名的力学和航空动力学研究中心,享誉"超音速飞行之父"的世界著名力学大师冯·卡门就在这里。慕名而来的钱学森站到了冯·卡门教授面前,谦恭地自我介绍:"尊敬的先生,我是从麻省理工学院来的。我想由航空工程转学航空理论,也就是力学,请您告诉我,我的想法正确吗?"

冯·卡门教授听完了这个年轻人的话,不禁露出了惊喜的神情。在他看来,一个进行技术工程研究的年轻学者不满足现有的专业知识,能够感悟到理论的重要性,这正是远见卓识的表现。为了了解钱学森的专业功底,冯·卡门教授提出了一系列的问题,钱学森都对答如流,反应之敏捷,回答之准确,令大师冯·卡门赞叹不已。他用惊讶的目光注视着这位头脑清晰、思维敏捷、才华横溢的中国学生,马上很高兴地答应了钱学森希望攻读博士学位的要求,接纳了这个令人喜爱的年轻人。从此,这对相差了整整30岁的师生开始了他们之间近二十年的友谊和合作。1936年10月起,钱学森在冯·卡门教授的身边学习和工作,身份经历了一个"三部曲"——最初是教授的学生,逐渐成为得意门生;而后,成了教授的助手;最后,钱学森成为冯·卡门在科学研究中最密切的合作者,甚至创立了用两个人的姓氏命名的"卡门—钱近似公式"。

在钱学森的成功道路上,恩师冯·卡门教授功不可没,给钱学森一生的治学和研究道路施以非常深刻的影响。

学校强调理工结合,培养的学生既是科学家,又是工程师。尽管钱学森原本就是航空系的研究生,但冯·卡门教授还是鼓励他广泛摄取和学习各种有用的知识。钱学森常到物理系去听课,了解物理学的前沿,原子、原子核理论以及核技术,当时的课堂上连原子弹也提到了;听化学系系主任、诺贝尔化学奖得主L.鲍林讲"结构化学";甚至到生物系去听摩根讲遗传学。这些大师对这位航空系的学生去插班听课毫不排斥,最后还和钱学森成为挚友。

冯·卡门和他所在的加州理工学院都十分推崇创新精神。创新,是科学的灵魂。世界上最容易的事莫过于踩着别人的脚印前行。同样答案的一份试卷,在冯·卡门教授的手中可能得出天壤之别的分数,原因就在于是否用了具有创意的方法。加州理工学院最常采用的教学方式就是召集学术讨论会,甚至可以说是学术争鸣会,或者干脆是争执、争论会。钱学森所在的团队在冯·卡门教授的领导下,往往关于一个问题争得面红耳赤,然后,各自回去整理、丰富自己的论点,忙到深夜,第二天再运用思考深化后的思想继续开展争论。

在一次学术讨论会上,钱学森刚刚发表完自己的学术见解,便有一位长者站起来提出不同意见,但立刻被钱学森针锋相对地顶了回去。研讨会结束后,冯·卡门教授问钱学森说:"你知道刚才反对你的那位长者是谁吗?"

"不知道。"钱学森摇头回答。

"喔,他就是航空界大名鼎鼎的大教授冯·米塞斯啊!"

"啊!"钱学森惊奇得失声叫了出来,"我的天,原来他就是当代的力学权威冯·米塞斯教授啊!"

"假如你知道他是谁,那你还敢进行辩论吗?"冯·卡门教授进一步追问道。

钱学森笑着说道:"当天,我虽然不知道他是谁,可是我看得出来,他是一个权威学者。其实在学术问题面前,应当是人人平等的,这是您一再教导我们的。"

冯·卡门教授哈哈大笑,他非常赞赏钱学森这种精神。

在另一次学术讨论当中,钱学森与他的老师冯·卡门发生了争执。他坚持自己的观点,毫不退让,冯·卡门教授十分生气,他将钱学森拿给他看的论文稿往地上一扔,然后拂袖而去。老师走后,钱学森弯腰从地上捡起稿纸,心里却丝毫没有服输,在科学问题上,他决不会轻易放弃自己的观点。事后,这位世界权威教授经过思考,认识到在这个问题上,他的学生是对的。第二天一上班,他就亲自来到位于三楼一个角落的钱学森办公室,敲开门,恭恭敬敬地给钱学森行个礼,然后说:"钱,昨天的争论你是对的,我错了。"冯·卡门教授虚怀若谷的作风使钱学森感动不已,终生难忘。

可以说,加州理工学院的学术民主氛围,推动着科学讨论,推动着科学创新。钱学森常常在一段时间的争论后就写成了一篇颇有创意的论文,署的是个人的名字,但他十分清楚,这些成果是集体智慧的结晶。

科学的思维方法十分重要。冯·卡门不仅教给钱学森从工程实践中提取理论研究对象的原则,而且教会他将理论应用到工程实践中的方法。钱学森从冯·卡门那里学到了高屋建瓴地分析问题、提炼观点的能力。冯·卡门的治学精神与学术思想,形成了钱学森在日后几十年的科学研究中沿袭采用和推广的基本方法。

冯·卡门不仅是一位科学大师,而且是一名组织能力极强的社会活动家,善于与各方面的人打交道。在世界各地,冯·卡门喜欢与富翁、名流以及权贵们交往,但他绝不是个势利小人。他会毫不迟疑地将一个花匠介绍给显赫的将军或者科学家,并一视同仁。除了一些轻松愉快的聚会之外,冯·卡门还同几位举世闻名的大科学家有着友好的交往。这为他的科学研究和工作带来不少的便利,这一点对钱学森也有深刻的影响,使得他在以后组织领导中国的国防尖端科技研究中得心应手。这恐怕是国内很多从事科研的科学家普遍不太关注和需要加强的方面。

钱学森经常回忆说:"我师从全世界著名的权威,工程力学和航空技术的权威冯·卡门。他是一位使我永远不能忘记的恩师!"

"三年出货"

最初钱学森在冯·卡门教授指导下做博士论文,专攻高速空气动力学。冯·卡门教授对钱学森有着特殊的感情,他有一句话经常挂在嘴边:"世界上有两个最聪明的民族,一个是匈牙利,一个是中国。"

钱学森具有惊人的数学才能,颇受冯·卡门教授器重,但钱学森总觉得自己的基础还比较薄弱,在国内只学过与工程专业有关的课程,无法适应现代科学技术发展的要求。那时候,钱学森以高速空气动力学为课题,这是科学领域中最尖端的课题。因为当飞机飞行速度接近声速时,受到的阻力猛烈增加,支撑飞机的上升力骤然减小,舵面会出现失控,机身、机翼会发生抖动现象,假如不从理论上和实践上解决这一问题,实现人类突破"声障"的理想就不可能实现,而要攻克这一难题,没有精深的数学、力学基础是难以完成的。

钱学森拿出了在上海交通大学学习时练就的苦读功夫,开始废寝忘食地读书,他立志读完全世界现有的力学著作。整整三个寒暑,心无旁骛,埋头研读,每天坚持12个小时以上。他遍阅空气动力学的文献资料,还对相关的现代数学、偏微分方程、积分方程、原子物理、量子力学、统计力学、相对论、分子结构、量子化学等学科理论进行了潜心研究。他力求既掌握空气动力学的基础,又了解这门科学的前沿,为攀登高峰做足准备。

钱学森将自己这种学习方法称为"三年出货"。他后来说:"有些年轻人觉得三年出货太慢,很着急,可是,做研究工作性急是不行的,基础打得不牢,总是要吃亏的,一定要积下足够的看家老本。"

这样的研究方法,钱学森认为是很值得的,因为有了重点突破,才能举一反三,触类旁通,将来再遇到新的课题就不需这么多时间了。比如,几年后钱学森研究航空结构,只用了一年时间,就得到了突破性的进展。

钱学森的研究方法,得益于冯·卡门教授。冯·卡门在审阅论文的时候,常常是自己事先并没有研究过论文的内容,但当他拿到论文之后,总是先把第一页看看,然后快速地浏览一遍,最后仔细看一下结论,就可以当即发表自己的意见。刚开始钱学森觉得有点神奇,其实这正是教授透彻掌握一门学科的结果。渐渐地,钱学森自己也可以这样做了。在冯·卡门教授的指导下,钱学森苦战三年之后,不仅掌握了这门科学的基本知识,而且同时已经站到了这门科学的最前沿。

1939年夏天,钱学森的博士论文通过答辩。他的第一篇论文是《可压缩流体边界层问题》。长期以来,人们认为飞行体周围的空气是冷的,钱学森的论文转变了人们的认知。他指出:在高速飞行状态下,由于摩擦作用,周围空气是热的,这就是后来人们说的"热障"作用。钱学森为撰写这篇论文,所记下的笔记就多达450页。他的第二篇论文是《可压缩流体的二维亚声速流动》,其中就论述了科学界著名的以钱学森和导师冯·卡门名字命名的"卡门—钱近似公式"。

自尊、勤奋、好思、严谨、聪明,三年的苦读,钱学森给所有的老师留下了极其深刻的印象。由此,年轻的钱学森被称为"世界著名空气力学家",同时还获得了航空、数学双博士学位。

最年轻的正教授

1946年暑假期间,冯·卡门教授因与加州理工学院有分歧而辞职。作为冯·卡门的学生,钱学森也随即离开加州理工学院,回到他刚来美国时就读的麻省理工学院,仍担任副教授(1945年,钱学森已就任加州理工学院副教授)。开始,只是负责教授和辅导空气动力学专业方向的研究生。

同年,钱学森在美国《航空科学期刊》上发表了题为《原子能》的论文,提出了原子能在航空与航天领域的应用问题。他在麻省理工学院举办了一系列的演讲,叙述核燃料助推火箭的设想和相关的工程问题,引起了广大师生广泛的兴趣与讨论。

1947年初,麻省理工学院决定破格提升钱学森为终身正教授,并请冯·卡门教授写了推荐信。冯·卡门教授写道:"钱博士在应用数学和物理领域知识解决气体动力学与结构弹性方面的难题上,绝对是同辈中的佼佼者……他人格成熟,堪当正教授之责,同时也是一位组织能力极强的好老师。他对知识和道德的忠诚,使他能全心奉献于科学……"在冯·卡门教授的高度评价和极力推荐下,钱学森成为当年麻省理工学院最年轻的正教授,年仅36岁。

同年2月的一天,众多名师齐聚麻省理工学院航空系大楼。原来,钱学森将在这天做一次题为"飞向太空"的演讲。当时,他升任终身教授的消息尚未公布。下午6时,院长亲自在航空系大厅接待各方来宾。他们中间有美国知名的火箭飞行专家,也有专程从哈佛大学、加州理工学院等著名学府赶来的知名学者、同行,还有钱学森的同学、同事、同乡,更为特殊的是,还有来自华盛顿五角大楼的军方代表。这么多的学者、专家,尤其是军界要人,赶来参加钱学森的学术演讲会,使会场的气氛变得非常隆重。的确,对于钱学森而言,这是他一生中非常特别的时刻。

晚上7点整,来宾们纷纷进入演讲大厅。他们发现一件有趣的事情,那就是在每一位来宾面前的桌面上都摆放着一张卡片。在卡片上面印着:

"请您猜一猜:由本院培养出的硕士生当中,哪一位荣获了本院最年轻的终身教授的桂冠?"

由于大家并不知道钱学森升任终身教授一事,因而都议论纷纷,做出各种猜测。然而,谁也没有想到这个最年轻的终身教授就是眼前的这位刚刚做了一年副教授的中国年轻人。当谜底被揭开,来宾们均被麻省理工学院的大胆创举惊呆了。

在众人一片啧啧赞叹声中,麻省理工学院院长、该院航空系的主任和钱学森三人缓步走向主席台。来宾们立刻报以热烈的掌声,表达他们的祝贺之情。钱学森精神焕发、笑容满面地向来宾们频频颔首致意,表示感谢。

院长第一个走向发言席。他庄严宣读:

"钱学森教授,男,1911年12月11日出生,1934年于中国上海交通大学毕业;1936年,在麻省理工学院以优异成绩获得硕士学位;1939年,在加州理工学院以同样优异的成绩,获得博士学位。现在,我们年轻的钱学森教授要将我们带到太空去,就请大家尽情地畅游一番吧!我尤其要提醒各位女士、各位先生,演讲会结束之后,请大家共进晚餐。祝大家愉快。谢谢!"

院长风趣而又简洁的开场白,令会场的气氛变得轻松而热烈。

当钱学森正式开始演讲时,大厅的灯光渐渐暗了下来。钱学森用很简练的语言对人类探索宇宙的远景进行一番描述后,悬挂在演讲台正中央的白色屏幕被照亮了,听众的目光纷纷聚焦于此。随着钱学森的讲演,屏幕上的彩色画面在不断地变化着:

在模拟的高大的发射架上矗立着一枚巨大的三级火箭;

火箭被点燃后，顿时浓烟滚滚，刹那间，火箭拔地而起，直射天空；飞行当中，一级火箭燃料燃尽后，自行脱落；紧接着，二级火箭点火、喷射、自行脱落；又见第三级火箭喷着烈焰，把一只飞船模型推入太空。飞船摆脱了地球的引力，开始了太空漫游……

钱学森的演讲新颖生动，整个会场安静地沉浸在他营造的浩瀚太空之中，人们也都沉醉在他引人入胜的讲述之中。尖端科技的未来，把听众带入了太空时代，他们的心中充满了遨游太空的激动与兴奋。

演讲刚一结束，会场的灯光同时放亮，大厅里再次爆发出热烈的、经久不息的掌声。院长兴奋地走向前去，热烈拥抱钱学森，祝贺他的成功。

当年，在麻省理工学院，每个系通常只有2~3名终身教授。因此，晋升为终身教授的人必然是科研成果十分显著，并且担任副教授不少于三年的人。正因为这样，晋升为终身教授成了一件了不起的大事情，学院总是要以隆重的方式表示祝贺。

此时的钱学森，作为第一个走进麻省理工学院终身教授行列的中国人，第一个在这样的场合做演讲报告的中国人，心中充满了强烈的民族自豪感。

琴瑟和鸣

1947年对于钱学森是一个特殊的年份,在这一年,他成功晋升了麻省理工学院的终身教授,同样在这一年,钱学森与昔日青梅竹马的干妹妹、留学德国的27岁的女高音歌唱家蒋英喜结连理。钱学森36岁,作为终身教授,绝对称得上年轻有为,可是作为那个年代的新郎官,已经完全算不得年轻了。

钱学森与蒋英的婚礼在上海国际饭店二楼大厅举行。在结婚典礼上,按照主持人的吩咐,新郎钱学森和新娘蒋英分别宣读了誓词。

新郎钱学森首先宣读:

我钱学森,真诚地爱慕蒋英女士的品格及其才华,我愿娶她为妻。我将尊重蒋英女士的独立人格,并平等地对待她。在我有生之年,我将与蒋英女士同甘共苦。这就是我对蒋英女士发出的神圣誓言。

接着,新娘蒋英宣读誓词:

我蒋英,愿意选择钱学森先生做我的丈夫。今天在家长及众位亲友面前,我庄严承诺——不管将来我们的生活遇到什么样的曲折,我对钱学森先生的爱情将永无改变。我永远是他的好妻子。

钱学森和蒋英的婚礼简朴庄重,文明大方,他们既大胆地摒弃了坐花轿、吹喇叭、大摆宴席的陈规陋习,也没有完全模仿洋人。双方家长都十分满意。

一个是温柔美貌、才华横溢的音乐家,一个是仪表不凡、学识超群的科学家,两人显得那么情投意合、和谐融洽,如果"郎才女貌"只是形容世俗的美满婚姻,那么对于钱学森与蒋英这对伉俪,已经远远不够了。他们的结合,实在是才貌双全,珠联璧合,相得益彰!尽管这一天来得迟了些,但企盼愈久,爱情愈深。

钱学森本打算就此留下工作,为国效力。但是,新婚蜜月里,钱学森和蒋英来到北京拜访了他们的师友、同学时,发现在多灾多难的祖国,在那样的时局下,科学家只不过是统治当局的装饰品,特别是在上海,钱学森看到与自己一起留美的植物学家殷宏章的不堪处境,久久不能释怀。经过再三考虑,钱学森决定返回美国继续他的喷气推进技术的研究。他把自己的想法,原原本本地告诉了蒋英,得到了蒋英的全力支持。

1947年9月26日,钱学森与蒋英伉俪偕行,双双返回美国波士顿。他们在帕布里奇的麻省理工学院附近租了一座旧楼房,算是安了家。

钱学森和蒋英的新家,陈设很简朴。二楼有一间狭小的书房,同时也是钱学森的工作室。唯有起居间里的一架黑色大三角钢琴为这个家平添了几分典雅气氛。这是钱学森送给新婚妻子的礼物。

蒋英长期生活在德国,来到美国后,一时英语还不能过关。钱学森就抽空教她学英语,还不时用英语说一些俏皮话,逗得蒋英咯咯地笑。蒋英为了尽快地掌握英语,把几首德语歌曲翻译成英语经常哼唱。于是,这座小楼里便时常传出笑语歌声。除了看书外,二人更是志趣相投,业余生活充满着艺术气息,常常一同听音乐、看画展,也常在家里做上一桌中国菜,招待朋友。

自此,钱学森彻底结束了多年来孤身一人的海外游子生活,身边有了一个天使般的知音相伴,工作和生活都增添了无穷的乐趣。冯·卡门教授这样说:"钱现在变了一个人,英,真是个可爱的姑娘,钱完全被她迷住了!"

1948年10月,钱学森和蒋英有了爱情的结晶,他们为自己的第一个孩子取名为钱永刚。也是在这一年,钱学森被推选为全美中国工程师学会会长。

四、五年归国路

● 经历了五年漫长的等待,忍受了五年痛苦的折磨,进行了五年不屈的抗争,钱学森终于如愿以偿,可以迈开坚定的步伐,踏上归国的旅途!

回祖国去

20世纪40年代末的钱学森已是享誉全美乃至全世界的著名火箭专家。他师从"火箭之父"冯·卡门教授,28岁获得加利福尼亚工学院航空、数学博士学位;1945年,34岁的钱学森就任加州工学院副教授;1947年,又成为麻省理工学院最年轻的终身教授;1949年就任加州理工学院喷气推进研究中心主任、教授。

在美国学习工作了十余年的钱学森已经拥有着很高的声望、富裕的生活和优越的工作条件,即便是选择加入美国国籍也易如反掌。我们熟知的杨振宁、李政道以及钱学森的堂弟钱学榘等都选择了这样的道路。然而,自从踏上美国的土地,钱学森一刻也没有忘记:学成必归,报效祖国!十几年中他所做的一切都是在为实现这一夙愿做着准备:努力学习,勤奋工作,数年来没有购置一处房产,没有像一个美国人一样,将自己的一部分收入存入保险公司,供退休后的晚年生活所需——他没有为此存过一美元。因为他坚定地认为:"我是中国人,根本不打算在美国待一辈子!"

1949年,从父亲钱均夫的来信中,钱学森得知人民解放军以排山倒海、秋风扫落叶之势胜利渡过长江,解放了南京与上海。父亲在信中语重心长地写道:

生命全都仰仗有着地下的根系,就像树木一样,离不开养育他的一方水土。树木只有深深扎根在泥土中,才能茂盛而不枯萎。我的儿子,你的生命之根,就应该是养育你的祖国。叶落而归根,每个炎黄子孙都应报效祖国养育的恩情,希望儿子慎重思考后作出明智的决定。

不久,中华人民共和国成立的消息传来,钱学森认为归国的机会到了。

此时,数学家华罗庚从美国回到新中国,并发表了一封洋溢着爱国热情的《告留美同学的公开信》:

中国在迅速进步着。1949年的胜利,比一年前人们所预料的要大得多,快得多……朋友们,梁园虽好,非久居之乡!为了抉择真理,我们应当回去;为了国家民族,我们应当回去;为了为人民服务,我们也应当回去;建立我们的工作基础,为了我们伟大祖国的建设和发展而奋斗!

这封信令钱学森心潮澎湃,不禁为之动容。

1949年10月6日是中秋节。这一天,钱学森夫妇与十几名留学生一起欢度中华民族传统节日。"每逢佳节倍思亲",人在异乡的学子们在这新中国成立后的第一个中秋,遥望东方,兴奋地畅谈着祖国的美好前景。可是谈到回国,有人表示了顾虑:"祖国刚刚解放,要钱没钱,要设备没设备,现在回去搞科学研究,只怕困难太大了。"钱学森诚恳地说:"我们日夜期盼的,就是祖国能够从黑暗走向光明,这一天终于来到了。祖国现在是很穷,但需要我们大家——祖国的儿女共同去创造!"就这样,满腔热忱的钱学森与挚友罗沛霖相约1950年暑假一起回国。

钱学森打算回国的消息不胫而走,引起了各方的关注。

加州理工学院院长杜布里奇先生几次与钱学森促膝深谈,力劝钱学森留在美国。杜布里奇提出:"坦白说,中国现在百废待兴,还处在落后的农耕社会,根本没有航空科技。你是一个杰出的航空科学家,回到中国去,你的知识才能全无用武之地,难道你回去种苹果树吗?"钱学森深情而坚定地说道:"回到祖国去,我做什么都行,只要祖国需要。如果种苹果树是唯一报效祖国的办法,我会毫不犹豫地去种!"

美国的一位海军次长丹尼尔·金贝尔则立即动用所有权力和人脉关系,暗中竭力阻挠钱学森归国。原来,这位海军次长曾经担任过航空喷气公司执行总裁兼总经理,而钱学森曾任这家公司的技术顾问。因此,与钱学森私交甚好的金贝尔十分了解这位在导弹工程方面拥有出色才干的优秀科学家,他中肯地评价说:"钱学森是美国最优秀的火箭专家之一。"但同时,这位海军次长又是一位十分仇视新中国的当权人物,他立即致电美国移民局,表示:"说什么也不能放钱学森回到红色中国去。"

于是,就在钱学森准备回国的当口,意想不到的事情发生了。当然,也正是因为这件事,更加坚定了钱学森回国的决心。

1950年6月6日,钱学森加州理工学院的办公室出现了两名不速之客。来人一脸严肃,出示了联邦调查局的证件,并声称:"钱先生,现在我们有足够的证据证明,你是美国共产党党员。早在1939年,你就成为美国共产党帕萨迪纳支部第122教授小组的成员,并使用John M. Decker的化名。现在我们要依法对你进行询问,请你配合!"

当时的国际社会虽无战事,却处于激烈的"冷战"之中——以美国为首的资本主义阵营和以苏联为首的社会主义阵营较量抗衡,相互极为仇视与敌对。美国的反共浪潮更是甚嚣尘上。

面对这突如其来的怀疑,钱学森坚决否认。当然,事情还远没有结束。就在同一天,钱学森又接到了军方通过加州理工学院发出的通知,从此禁止他从事任何与美国军事机密相关的研究工作,并吊销了他的安全许可证——这意味着他在美国再也无法继续他从事了八年、早已驾轻就熟、成绩斐然的工作。

6月19日,当联邦调查局探员再度光临的时候,钱学森递交了一份严正声明:"当年我成为一位受欢迎的客人的情境已经不在了,一片怀疑的乌云扫过我的头上,因此,我所能做的事就是离开。"这份声明同时被递交到加州理工学院工学院院长林德菲以及教务长华森的办公桌上,成为钱学森决定辞去加州理工学院一切工作的正式辞呈。

此时的钱学森,内心愤懑,脑海中不断回响的只有一个坚定的声音:"回祖国去!"

障碍重重

就在钱学森递交了离开美国的声明后一周,太平洋彼岸的朝鲜战火顿起,美国国内的反共浪潮甚嚣尘上。1950年6月27日,美国总统杜鲁门宣布武装干涉朝鲜,并武力阻挠中国人民解放台湾,美国第七舰队驶向台湾海峡。心系祖国的钱学森加快了回国的步伐,可这旅程却是一波三折,障碍重重。

刚刚成立的新中国与美国尚未建立外交关系,还没有直航的飞机或轮船,回国只有借道香港。钱学森和罗沛霖中秋节时就相约一同回国,于是一起前往洛杉矶轮船公司购买船票。但是,根据轮船公司的规定,钱学森作为教授必须获得美国移民局的批准才能买票,而罗沛霖则以中国留学生的身份买到了8月31日由旧金山经停洛杉矶开往香港的船票。无可奈何,急于离开美国的钱学森一家又连忙预定了加拿大太平洋航空公司8月28日由加拿大首都渥太华飞往香港的机票。

同时,归心似箭的钱学森带领全家为归国做着最后的紧张准备。他在办公室里收拾好自己的书籍、手稿、笔记、资料，夫人蒋英在家里收拾好细软。他们将大部分物品装入一个个防水的纸箱，委托给一家叫"柏金斯"的公司办理托运。这些行李将通过邮轮运抵香港，再转运上海。一切就绪，只待出发。可是，就在这短短几十天等待的日子里，各方都在做着最后的努力，无论他们各自出于什么样的初衷，但目的只有一个，就是要把钱学森留下。

美国知识界惜才爱才，诚恳挽留。加州理工学院院长杜布里奇运用自己的影响，积极争取华盛顿相关部门为钱学森举行一次听证会，来拂去他头上那"一片怀疑的乌云"，重新颁发安全许可证，让一切重回正轨，让钱学森像以前一样继续安心地在加州理工学院从事原先的研究工作。

而美国的当权者则千方百计拖延听证会的时间，眼见拖延、劝说无效，干脆使出了狠招。就在离出发还有最后五天的时候，钱学森接到美国移民局的一纸限制出境的公文："禁止离开美国！"原来，又是那位海军次长丹尼尔·金贝尔紧急致电美国司法部，在电话里他说了这样一句"名言"："他（钱学森）知道所有美国导弹工程的核心机密，一个钱学森抵得上五个海军陆战师，我宁可把这家伙枪毙了，也不能放他回红色中国去！"

钱学森无比震惊,也无比愤懑。无奈,他只得退掉了机票,并从海关取回原本打算托运到香港的行李。可是,在海关,他得到了一个令人意想不到的答复:"钱先生,对不起,您的行李被依法查扣了!"钱学森气愤之至,大声质问:"为什么?"工作人员再次语出惊人地回答道:"因为您的行李中藏有美国机密文件,您违反了美国的出口控制法、中立法和间谍法!"

钱学森这才恍然大悟,自己已经被美国联邦调查局彻底监控了,在"柏金斯"公司将他的行李整装放入用于长途托运的木箱时,联邦调查局对这八箱行李进行了仔细的"研究"和检查。为了阻止他出国,甚至不惜将"间谍"的罪名扣在他头上!很快,他的想法得到了有力的验证——为了给限制钱学森离开美国一个合乎逻辑、站得住脚的理由,在联邦调查局的授意下,《洛杉矶时报》《明镜》等报刊用最快的速度、以醒目的标题争相报道:"在钱学森回中国的行李中查获秘密资料!"并声称这些秘密资料中包括机密文件,甚至还有一本"密电码"!

事实上,钱学森已经十分慎重和小心地处理了自己保存的所有机密文件。他将这些文件全部锁在办公室的一个文件柜里,并把钥匙交给了同事克拉克·米利肯教授。而行李中那些所谓盖着"机密""保密"图章的文件，早已经过了保密期。至于"密电码"，钱学森自己也被弄得一头雾水，思忖再三，才想到那些"密电码"可能是什么。原来，是美国联邦调查局的探员数学太差，竟然没有见过对数表，以至于把普通得不能再普通的对数表误认为是"密电码"！真是令人啼笑皆非。此事传到加州理工学院，一时传为笑谈。

这一切的一切，让钱学森有种强烈而不祥的预感：自己的处境变得越来越险恶了！

牢狱之灾

奇耻大辱的一天很快来到了。

1950年9月7日傍晚,美国联邦调查局的探员们包围了钱学森位于洛杉矶帕萨迪纳的住宅。听到门铃声,钱夫人连忙去开门,手里还抱着只有两个月大的女儿永真。门外站着两个高大的美国人,他们腰间佩着手枪,手里拿着手铐,一见便知来者不善。他们说明来意,要求见钱学森。钱学森从书房缓步走出来,脸上丝毫没有恐惧的表情,似乎一切早在意料之中。倒是两岁的儿子永刚见到这两位气势汹汹的陌生人,丢下手中的玩具,躲到了爸爸的身后。

两位探员见到钱学森,不知怎么,露出的是略显吃惊的表情。原来,多日来钱学森一直安静地待在家中,没有出门,联邦调查局多日未见钱学森身影,猜想他一定是到什么地方躲了起来,他们甚至怀疑钱学森会设法逃到离洛杉矶不远的墨西哥,再辗转回国。当他们亲眼看到钱学森站在自己眼前,才知道关于他企图逃跑的判断完全是空穴来风。

两位探员再次就钱学森"隐瞒共产党员身份"的"罪行"

进行了讯问,认为其犯了"欺骗美国政府罪",加上认定他在行李中夹带了美国机密文件,有了"间谍"的嫌疑,可谓"罪行严重",所以,这次他们向钱学森出示的是逮捕证。

钱学森被带上车,押走了。

真是欲加之罪,何患无辞!对钱学森的迫害已经逐步升级:从吊销安全许可证,到禁止离开美国,到海关查扣行李,再到今天的下令逮捕!

钱学森被关进了洛杉矶以南的圣佩德罗湾一个叫特米诺岛的联邦调查局拘留所里。特米诺岛,又叫"响尾蛇岛",四面是海,是一个不起眼的小岛。特米诺岛拘留所里昏暗、潮湿,十分拥挤。这里关押着许多墨西哥人,他们因为贫穷想到美国打工,在偷越边境时被抓,于是,都被关进了这座离美墨边境不远的监狱。

鉴于钱学森是著名的科学家,联邦调查局没有将他和那些越境犯关押在一起,而是关进了一间单人牢房。牢房里有一张桌子、一盏灯、一张床,甚至还有单独的卫浴设备,作为监狱,可算得上十分舒适了。然而,这可是拘禁!

钱学森被禁止与任何人交谈。夜里,守卫每15分钟就来亮一次灯,令他根本无法好好休息,这样的痛苦经历使钱学森在短短15天里一下子瘦了近30斤!当然,与经受这样的皮肉之苦相比,更令钱学森痛苦的是内心的煎熬——对于这样一位著名的科学家,在自己曾经全力以赴为之效力的国家,竟然得到了如此的待遇,对于拥有强烈自尊心的钱学森,这是莫大的屈辱和打击!

钱学森被捕的消息通过广播、报纸迅速在加州理工学院,在加利福尼亚州,甚至在美国各地传播开来,引起了惊愕,更引起了愤懑。

加州理工学院院长杜布里奇竭尽全力,设法营救钱学森。首先,他紧急致电正在欧洲访学的冯·卡门教授。冯·卡门大吃一惊,当即中断了访问,启程赶回美国。接着,杜布里奇又致函丹尼尔·金贝尔,在信中明确否定了对钱学森是共产党员的指控。

很快,香港《文汇报》以《我们坚决反对美帝逮捕钱学森》为题发表评论:

新中国诞生了,新的国家欢迎一切有才能的同胞投入到伟大的建设事业中去,我们要使国家建设走上工业化的大道。钱学森在新中国这个响亮的号召下准备回到中国来了,可是美国帝国主义者剥夺了他的自由,无理地把他扣留了,无耻地给他一个莫须有的罪名:美共。我们坚决反对美帝这一侵犯人权的暴行,我们要求释放钱学森博士……

紧接着,地质学家李四光以中华全国自然科学专门学会联合会主席的名义发表声明《抗议美帝非法拘捕我科学家钱学森等》;郭沫若以中国保卫世界和平大会委员会主席的身份,致电世界和平大会委员会主席居里博士,抗议美国无理拘捕钱学森;新中国的科学家们也纷纷发出强烈的抗议声音;刚刚回国的美国留学生们致电联合国秘书长赖伊、联合国会员大会主席、安理会主席、人权保障委员会,要求制裁美国政府的暴行,并致电美国国务卿艾奇逊,提出严正抗议,要求立即恢复钱学森教授的自由……

迫于多方压力,联邦调查局不得不按照"程序"审讯钱学森,由于根本无法提出确凿证据,审讯当然只能是不了了之。但是,联邦调查局还是要求狱中的钱学森写下"绝不擅自离开美国"的书面证明,并缴纳15000美元的巨额保释金,才可获得保释。在院长杜布里奇和导师冯·卡门的帮助之下,很快筹得了这笔保释金。1950年9月22日,钱学森终于获释,结束了15天的牢狱之灾。

夫人蒋英开车来到特米诺岛接钱学森回家。身心憔悴的钱学森一言未发,对蒋英的问话只是点点头或摇摇头。蒋英心疼极了,她明白,在经历了如此巨大的打击之后,钱学森几乎不会说话了,他失声了!

闪光的论著

钱学森的生活并没有因为保释而恢复正常,反而陷入了另一种无休无止的痛苦之中:每个月必须到帕萨迪纳移民局登记;行动范围被局限在洛杉矶市内;无论身在何处,总会有陌生人暗中监视;电话受到监听、信件受到拆检;一次又一次地接受移民局官员的传讯……

1951年4月,没完没了的传讯终于有了结果。钱学森最终被认定为是一个"曾经是美国共产党员的外国人"。根据美国国家安全条例的规定,凡是企图颠覆美国政府的外国人,必须驱逐出境。帕萨迪纳移民局决定驱逐钱学森!多么可笑!钱学森如此迫切地想离开美国而被设置重重障碍不能成行,现在却要被阻碍者"驱逐"!但是,事情绝没有"驱逐"这么简单!移民局立刻受到来自华盛顿的干涉,美国当权者绝不愿轻易地放钱学森回到红色中国去。于是,驱逐令被暂缓执行,一拖再拖。这拖延的策略虽不高明,但意图十分明显,是要在这科技发展日新月异的时代,等待钱学森脑袋里的导弹知识变得陈旧无用,他们才肯作罢。

钱学森虽然内心痛苦,却没那么容易被困境打倒,他的坚定、无畏和务实,再次彰显了一位优秀的科学家所具有的科学精神。在无休止的软禁期间,他努力地完成着两件事——

第一件事就是为离美回国时刻做好准备。在长达四年多的时间里,钱学森一家的住房合同只签一年,到期就搬家。从海关退回的八大箱行李再也没被打开,只待有机会离美,马上就能装船托运;家中空空如也,客厅除了餐桌和几把椅子外,只有钱夫人准备好放置随身物品的三只手提箱,一旦获准回国,他们可以拎起箱子,迅即动身。

另一件事就是继续一位科学家的工作和研究。失去了安全许可证,钱学森已经无法从事自己原有方向的研究,但是,对于钱学森来说,时间就是生命,他绝不想如美国人所愿,坐以等待知识的老化!由于长期关注多学科的发展与前沿,此时的他厚积薄发,果断改变了自己的研究方向,把目光投向了一片崭新的领域——工程控制论!同时,他也想以此向时刻监视他一举一动的特务们表明:工程控制论与美国国防机密毫不相干,我已经完全改行了!但是,恐怕连钱学森自己也没有想到,他这一改,改出了一片新天地,一门新的学科就此诞生!

钱学森将蒙受冤屈的痛苦抛到一边,全身心地投入到工程控制论的研究中。在科学的大道上,他总是如此游刃有余,任思绪自由驰骋,纵横捭阖,思想的光辉不断闪现。他埋头研究,花费了整整三年的时间,用英文将自己的独特见解写成30多万字的科学著作《工程控制论》,并正式出版发行。作为一部开创性、奠基性的著作,这本书很快引起了各国科学家的关注。相继在1956年、1957年和1958年被翻译成俄文、德文和中文,并在1957年获得"中国科学院1956年度科学奖金一等奖"。基于《工程控制论》这部著作,1957年国际自动控制联合会第一届理事会推举钱学森为首届常务理事。美国一位专栏作家对钱学森给予了高度的评价,认为他既像工程师一样精于实践,又像数学家一样长于理论分析,是"集两个优势于一身,高超地将两只轮子装到一辆战车上,碾出了工程控制论研究的一条新途径"。

在研究工程控制论的同时,钱学森还从事一门新兴的科学——物理力学的开创性研究工作,用英文写出了《物理力学讲义》,并在加州理工学院开设了该课程。

在被监控、被软禁的严酷环境中,钱学森用崭新的研究成果有力地向世界证明了他的坚强与不屈,也证明了,他不仅是一流的导弹专家,而且完全有能力在科学的其他领域成为一流的科学家。

秘密的信中信

就在钱学森埋头进行工程控制论研究的同时,中美两国的博弈也在激烈地进行着……

1950年6月25日,朝鲜战争爆发。美军打着联合国的旗号进军朝鲜,而中国的志愿军则听从党中央"保家卫国"的号令跨过鸭绿江,抗美援朝。朝鲜战场上的中美两国兵戎相见,关系极为紧张。直至1953年7月27日,朝鲜人民军、中国人民志愿军和以美国为首的联合国军在板门店签订了《朝鲜停战协定》,历时三年的朝鲜战争才宣告结束。中美两国从战场的对抗转入了外交上的较量。

战后的美国迫切希望能够解决在战争期间被我方俘虏的飞行员、间谍等人员的遣返问题,周恩来总理敏锐地认识到,这是我方解决钱学森等被扣科学家及留学生回国的大好时机。当时,中华人民共和国与美国尚未建立外交关系,经过多次间接的磋商,终于在1954年6月5日,中美两国派出代表在日内瓦联合国大厦进行了首次面对面的接触。中方派出了中国驻波兰大使王炳南,美方则派出副国务卿、美国驻捷克大使尤·阿·约翰逊。这一仅持续了15分钟的会谈,是在中美这两个互不承认、没有外交关系的国家之间举行的首次大使级会谈,成为世界外交史上的创举。此后,中美代表就侨民和留学生问题开始有了越来越多的接触。国与国之间的会谈实质上是双方政治实力的交锋与较量,是没有硝烟的战争,必须打出有威力的炮弹,才能迫使对方做出妥协与让步。在1955年8月2日这次重要的会谈中,一封由钱学森亲笔书写、经多次辗转才到达周恩来总理手中的信就成了这样一枚"重磅炸弹"。

原来,会谈中,美方代表始终矢口否认美国政府限制中国侨民、科学家以及留学生返回祖国的事实,并宣称,美国政府已在1955年4月就取消了扣留中国学者的法令,完全不干涉他们去留的自由。中方代表王炳南大使义正词严,当场揭穿对方的谎言:"请问大使先生,既然美国政府早在今年4月就取消了扣留中国学者的法令,那为什么中国科学家钱学森博士还在6月15日致信中国政府请求帮助回国呢?显然,中国学者要求回国依然遭受美方的种种阻拦。据回国的留学生报告,钱学森至今被禁止离开他所在的洛杉矶市界!"说着,王大使出示了钱学森的亲笔信。这封信让在场的美方代表哑口无言,表示会立刻向美国政府转达。仅仅两天之后的8月4日,王大使被美方代表告知,美方已经同意钱学森回国。8月5日,美国司法移民归化局正式通知钱学森,允许他离开美国返回中国!

那么,钱学森的这封在会谈中发挥了重要作用的信是如何能够躲过美国特工的重重监视与审查,顺利到达中国政府手中的呢?时间得回溯到1955年的5月,仍处在被软禁中的钱学森在阅读一份华人报纸关于新中国庆祝"五一"劳动节在天安门广场举行典礼的报道时,在长长的观礼者名单中发现了一个熟悉的名字——陈叔通。

陈叔通先生是当时的全国人大常委会副委员长,最重要的是,他还是钱学森的杭州同乡,与钱学森的父亲钱均夫是亦师亦友的至交。钱学森1947年暑期回国结婚时,还专程看望了这位"太老师"。于是,钱学森决定写信给陈叔通先生,向他报告自己被美国扣留、有国难归的困境,并请求中国政府的帮助。钱学森极为认真地事先写好草稿,再用一手繁体汉字端端正正誊抄下这封至关重要的信。

不知道陈叔通先生的地址,信只能先寄给上海的父亲,再代为转寄至北京。可是,这样一封信如何才能发出去呢?钱学森知道,自己寄出的每一封信几乎都会遭到联邦调查局的拆检,信封上赫然写着父亲的地址与大名,只怕根本出不了帕萨迪纳!

钱学森不愧是导弹专家,尤其懂得注重每一个细节是导弹发射成功的前提和关键。要精确制导,将信准确无误地"发射"到陈叔通先生手中,必须制订详细而周密的计划。

首先,钱学森将写好的信装入一个信封,写上父亲上海的地址,再将信封夹在夫人蒋英写给侨居比利时的妹妹蒋华的信中,请蒋华由比利时代为转寄至国内。

接着,请夫人蒋英用左手模仿孩子的笔迹在信封上写上妹妹比利时的地址,以防特工认出笔迹。

最后,钱学森陪同夫人来到商场购物,像一个普通美国男人一样,在商场门口等待,吸引着特工的注意。蒋英佯装进入商场,边挑选商品,边查看四周,在确定无人注意的时候,用最为敏捷的动作把信投入了设在商场里的邮筒里。

于是,这封承载着重要使命的信顺利地躲过了联邦调查局无处不在的监视,犹如一枚精确制导的导弹,飞越万水千山,直抵比利时—转道上海—到达北京,由陈叔通先生递交至周总理的手中,最终在两国大使的谈判桌上成功引爆,一击击中目标!

就这样,经历了五年漫长的等待,忍受了五年痛苦的折磨,进行了五年不屈的抗争,钱学森终于如愿以偿,可以迈开坚定的步伐,踏上归国的旅途!

漫漫旅途中的动人故事

钱学森如此迫切地想回到祖国的怀抱,一刻也不想多作停留。可是,不知是凑巧还是人为,近期的飞机票已全部售完,连船票也只能预订到1955年9月17日从洛杉矶驶往香港的"克利夫兰总统号"邮轮,并且,钱学森被告知头等舱的船票已经售罄,只有狭窄的三等舱还有余票。物质条件的艰苦早已无法束缚住追逐自由与尊严的心灵,归心似箭的钱学森当即就买好了四张三等舱的船票,只等归期。

临行前,导师冯·卡门教授深情地对钱学森说:"你现在已经不是我的学生,而是知名的科学家,在学术上你已经超过了我。我已经老了,这一别将是永别吧!回你的祖国去效力吧,科学是不分国界的。"

是的,科学是不分国界的,但科学家都有自己的祖国!

钱学森步履坚定地踏上了"克利夫兰总统号"的甲板,送行的人们赠送的花篮摆满了狭小的三等舱室,一直排到过道上。一声汽笛长鸣,船缓缓离开洛杉矶码头,钱学森伫立船头,恨不能将脚下的甲板变成火箭的舱室,即刻飞回到祖国母亲的怀抱。

这是"克利夫兰总统号"航行的第六十个航次,这艘著名的邮轮因接待过胡适、张爱玲、李小龙、华罗庚等诸多的知名人士为中国人所熟知。在船过夏威夷以后,一位住在头等舱的美国老太太忽然盛情邀请钱学森一家到自己的房间喝咖啡。原来,这位老人是美国非常有名的女权运动领袖,久仰钱学森的大名,听说同船而行,非常想见上一面。但是,打听了半天,也没有在头等舱的旅客名单中找到钱学森的名字。所以,今天除了见面外,她还有一件重要的事情要做。老人叫来了船长,严肃地说:"你难道不认识他们吗?钱先生是世界知名的科学家,怎么能让他们一家四口挤在狭小的三等舱里!"船长推说不知,又不敢怠慢,连忙表示要去查一查。不一会儿,船长就回来了,说是正巧有了空余的头等舱票。

就这样,在一位爱打抱不平的美国老太太的帮助下,钱学森一家在上船七天后,戏剧性地由三等舱搬进了头等舱里。钱学森受到了美国政府的迫害,却更多地得到了美国人民和广大华人、华侨的爱戴和尊敬。

当邮轮停靠在菲律宾首都马尼拉时,一位名叫孙美玉的华侨慕名找到了钱学森的舱位,在得到保安的允许后,有幸与这位她仰慕已久的大科学家作了简短的交谈。

"您为什么想回到中国?"孙美玉问。

钱学森和蔼可亲地望着这位同胞,答道:"我想为仍然困苦贫穷的中国人民服务,我想帮助在战争中被破坏的祖国重建,我相信我能帮助我的祖国。"

转而,钱学森关心地询问:"菲律宾怎么样,这里的中国人受歧视吗?"

"是的,非常受歧视,他们瞧不起中国人!"孙美玉愤愤地回答。

钱学森表情凝重起来,停顿片刻,他继续询问:"您是做什么工作的?"

"我姐姐是初中教师,我是高中教师。"孙美玉回答。

"好!非常好!"钱学森脸上露出了微笑,"中小学老师非常重要,因为这是一个社会发展的基础。青年是社会的未来,他们必须受到好的教育,以培养他们的潜能和创造力。"

孙美玉连忙说:"我们只能教些低层次的东西,不像您,是杰出伟大的科学家,能够创造伟大的事业。"

钱学森意味深长地说道:"不,我只是蛋糕表面的糖衣。蛋糕要想味道好,里面用的料必须好。基础非常重要,培养年轻人是一个国家进步的基础。不要瞧不起你的工作,你是在塑造年轻人的灵魂!"

钱学森一席话让这位普通的中学教师如沐春风,沉浸在前所未有的幸福之中……

此时,保安走过来示意,谈话得结束了。

尽管这次谈话只有短短的十分钟,年仅25岁的孙美玉却深深地被这位大科学家的谦逊和深刻所折服,钱学森的话深深印在了她的脑海中,并且整整影响了她的一生——在时隔五十年后,75岁的她给95岁的钱老写了一封信,重温了这段美好的回忆,并捎去了一个仰慕者真诚的感谢和祝愿。

回 归

经过近半个月的漫长旅程,"克利夫兰总统号"邮轮终于缓缓进入了南中国海,向着目的地香港驶去。1955年9月30日,又逢中国传统佳节——中秋。钱学森站上甲板,大海一望无际,风平浪静,一轮明月悄悄升起。仰望苍穹明月,钱学森心潮起伏,不禁回想起1949年的中秋,自己就是在那天与挚友罗沛霖相约一同回国。如今,已过六载,历尽千辛万苦,终于如愿,祖国母亲就在眼前!

10月1日是新中国成立6周年的日子。双节同庆,"克利夫兰总统号"上的所有留学生组成的归国同学会决定借用邮轮的小餐厅,举行一场庆祝会。经过精心布置的小餐厅显得气氛热烈,墙上还悬挂起了一面大家自己动手制作的五星红旗。

钱学森应邀在庆祝会上做了主题发言。他一如既往,步伐从容地走上台去,脸上却难以抑制住激动兴奋的表情。"我身未到祖国,心已经飞回去了!"他刚刚用这样一句激情澎湃而又富有诗意的话开始自己的发言,就赢得了满场的掌声。是啊！这短短的一句正是在场每一位日夜思念祖国的海外学子的心声！接着，从第一个"五年计划"到全国156个重点工程，钱学森如数家珍地向大家介绍起了新中国在短短6年中的建设蓝图。一番描绘听得在场的学子们激动不已，同时，大家又感叹与好奇于钱教授为何身在海外，却对国内建设情况如此了然于胸？原来，钱学森始终关注着新中国的发展，他将在报刊上、广播上收集的有关新中国的点点滴滴早已熟记于心。结束发言时，钱学森慷慨激昂地说道："同学们，祖国正在建设时期，迫切需要各方面的人才，我们定会大有用武之地！"话音一落，掌声热烈。大家心情如此激动，唯有用歌声、笑声才能表达！

　　钱学森一家的表演将庆祝会推向了高潮！永刚、永真稚嫩的歌声，让大家笑声不断；钱夫人蒋英本来就是著名的歌唱家，虽然自钱学森遭受迫害后已经好久没有唱歌了，但今天，她一扫内心的抑郁，亮开歌喉，高歌一曲，赢得了满场热烈的掌声；最令人意想不到的是，钱学森这位大科学家竟然如此地富有艺术才情，他用中国的传统乐器——箫为大家吹奏了一曲，箫声悠扬婉转，一如在倾诉游子对母亲的浓浓思念，一时间，会场寂静，大家的心已随着这箫声飞到了祖国与亲人的怀抱！

1955年10月8日清晨,经过20多天海上航行的"克利夫兰总统号"邮轮即将驶入香港。钱学森抑制不住兴奋的心情,早早地起了床,热切地望着窗外渐行渐近的香港,眼眶禁不住湿润起来——经过了20多年漂泊在美国的岁月,现在终于回家了!

由于当时的香港还在英国的统治之下,为了保证钱学森等人的安全,经过协商,中国政府特意通过设于香港的中国旅行社派遣了一艘驳船,将钱学森等一行送往九龙,再由九龙乘火车到达中国的南大门——深圳。

眼前就是香港通往深圳的口岸罗湖桥———座架设在宽不过50米深圳河上、由粗木铺成的小桥,但是,桥的这边悬挂着英国的米字旗,而桥的那头却飘扬着鲜艳的五星红旗!此时的罗湖桥就像母亲伸出的温暖臂膀,等待拥抱归来的游子。钱学森已禁不住泪流满面,迫不及待地踏上桥去!祖国,我终于回来了!

多年以后,钱老曾用诗一般的语言描述了这令人永远难忘的时刻:

那是我们的国旗,那样光明,在阳光下闪耀着。瞬间,我们全都屏息而视,眼中涌上了泪水。我们走过小桥,终于,踏上了国土,回到我们的国家,我们值得骄傲的国家,有着

4000多年文明的国家!

　　自此,钱学森便开始献身于新中国"两弹一星"的伟大事业,成为赫赫有名的"中国导弹之父"!

五、十年两弹成

● 这是一枚"争气弹",是我国军事装备史上的一个重要转折点。从此以后,我们有了自己的导弹。

"外国人能造出来的,我们中国人一定能造得出来!"

钱学森于 1955 年冬天,在科学院秘书朱兆祥的陪同下,到哈尔滨参观访问。当他来到南岗哈尔滨军事工程学院时,一件意想不到的事情发生了——出来迎接钱学森一行的,竟然是该学院的院长陈赓大将。陈赓大将当年是中央军委分管作战的副总参谋长,军务相当繁忙。但是为了能亲自接待钱学森的参观访问,他乘坐当日清晨的专机风尘仆仆地从北京赶回哈尔滨。

被誉为"名将之鹰"的陈赓,是中国人民解放军最著名的将领之一,身经百战,屡建奇功。他有着传奇般的经历,在部队、民间都广为传颂。他曾担任过中国工农红军和中国人民解放军的许多重要职务,以作战勇猛、足智多谋而闻名中外。而最值得一提的是,陈赓大将还以其求贤若渴、惜才如命的儒将风范而为人们所称道。

1952年7月,陈赓将军抗美援朝得胜归来以后,马不停蹄,受命创办哈尔滨军事工程学院。历时一年,便以惊人的速度在哈尔滨的冻土地带上建立起这座全新的高等军事学府,并于1953年9月1日正式开学。

钱学森来访这一天,陈赓大将亲自主持了欢迎仪式,他在欢迎词中说道:"我们军事工程学院打开大门来欢迎钱先生。对钱先生来说,我们这里没有什么要保密的。不错,我们制定了严格的保密制度。今天,当着真人不说假话,这无非是在美国人面前装装样子,不让他们摸透我们的发展水平。"

陈赓大将一直陪同钱学森一行参观。钱学森认真参观和详细了解了这里的空军工程系、海军工程系和炮兵工程系。当年,这所学校共聘请了20多位苏联专家,学校的教学和科研已具有一定的水平。风洞、水槽等设施建得很是现代化,各实验室非常重视教学演示的设备,而且用军事化的手段管理学校,到处井井有条、一尘不染。

在学校的一个综合陈列馆里,陈列着许多在朝鲜战场上我军缴获的美军的轰炸机、坦克,还有带有电子自动搜寻目标功能的炮弹等。陈赓大将指着这些展品,对陪同参观的副院长开玩笑地说:"这些都是美国人的破烂,对于钱先生来说用不着保密!"说完,陈赓和钱学森一同哈哈大笑起来。

在室外一个小型火箭试验台面前,钱学森停住了脚步,仔细观察着——

这是一个非常简陋和原始的固体燃料火箭的实验装置。钱学森很有兴趣地与正在拆装的一位教员攀谈起来。通过简单的对话,钱学森对这个装置的不合理部分提出了意见,那位教员轻声地告诉钱学森,这是苏联专家的意见,不能改动。对此,钱学森轻轻摇了摇头,表示不以为然。

机敏的陈赓大将看出了其中的文章。于是他向钱学森问道:

"钱先生,你看我们中国人能不能自己搞出导弹来?"

"有什么不能的?外国人能造出来的,我们中国人一定能造得出来!"钱学森毫不迟疑地回答道。

"哈哈!我就要你这句话!"陈赓大将紧紧握住了钱学森的手,开怀地大笑起来。

这是决定钱学森后半生命运的笑声,这是决定着中国火箭、导弹乃至卫星航天事业命运的笑声——新中国的导弹、航天事业,就在陈赓大将爽朗的笑声中发轫(rèn)了。

与彭老总的晤谈

彭老总与钱学森,一方是担任军队要职的元帅,一方是著名的科学家。他们的第一次晤面,完全像老朋友、老战友之间的晤谈。陪同钱学森到东北参观访问的中科院秘书朱兆祥,回到北京稍事休息后,便向中国科学院办公厅汇报了陪同钱学森东北之行的情况。办公厅的同志告诉他:"彭德怀同志办公室来了几次电话,叫你从东北回来后,立即到彭总家去一趟。"

"什么事情,要我到彭总家去一趟?"朱兆祥百思不得其解。他怀着诧异的心情来到了府右街灵境胡同的一所老四合院门前,向卫兵报上姓名并说明了来意。卫兵很有礼貌地将他领到会客室,请他坐下稍等,便进院内通报去了。这时,朱兆祥感到心情有些紧张,因为眼前他将要会见的是一位举世闻名的元帅。当他正在考虑见面要说的第一句话时,房门开了,走进来的却是在东北新结识的陈赓大将。陈赓大将伸出手来,爽朗地说道:"欢迎,欢迎,我们是老朋友了。"当他们坐下后,陈赓开门见山地向朱兆祥提出了一个问题:

"我想问问你,这次钱先生参观了哈尔滨军事工程学院以后,对你讲了些什么? 他有些什么意见?"朱兆祥思忖了片刻。陈赓见状忙补充说:"你不要有什么顾虑,讲他的原话,实话实说嘛!"

朱兆祥点了点头,说道:"钱先生对军工学院总的印象还好。只是他看到学院有几十名苏联专家很不以为然。他说,一个学院要这么多苏联专家干什么,难道我们中国人自己干不来吗? 他还感到,由于那里的一切由苏联专家说了算,我国的科技人员依赖性太大,不能发挥大家自主创新的积极性和主动性。"

朱兆祥把话一口气说完,心中开始有些忐忑不安,担心话说得太重,会惹出什么乱子来,他默默地静候着陈赓大将的反应。出乎朱兆祥意料的是,陈赓大将不仅没有发火,相反,却激动得一拍大腿,站起身来,说道:"好啊,讲得好! 我们需要的就是像钱先生这种强烈的民族自尊心和自信心。我们国家就是需要这种有民族气节的人才。你们科学院的同志办了一件大好事,能够把钱先生这样爱国的知名科学家请了回来。"钱学森的意见应该说在陈赓大将的意料之中,因为他从钱学森同军工学院的一些科技人员的谈话中已经有所察觉,而钱学森给他的回答又是那样的干脆和果断。这位将军深切地感悟到钱学森身上的这种强烈的民族自尊心和自信心,这是科学家无比可贵的品质。军工学院存在的问题,陈赓大将并非不知道,只是它关系到国与国之间的关系,实属无奈。今天,他从朱兆祥的谈话中得到了印证,这怎能不使我们的将军感到兴奋呢?

接着,陈赓大将对朱兆祥说道:"我们的彭老总知道钱先生是火箭专家,很想见见他,要向他请教几个问题。你们还在东北的时候,他就好几次问我你们回来了没有。不巧的是,彭老总现在生病住院了。等我跟他约个日子,我们一起去医院看看彭老总怎么样?"

"那当然好。"朱兆祥连忙点头答应。

"那就麻烦你把这个意思转达给钱先生。这件事,请科学院的同志一定支持呀!"这位名震中外的战将,讲话是如此诚恳,如此谦虚,这使得朱兆祥深受感动。他连声说道:"当然,当然支持。"

1955年12月26日下午,钱学森在陈赓大将的陪同下,来到首都医院看望彭德怀元帅。

过惯了军旅生活的彭老总,谈话直截了当,对钱学森说道:"我们是社会主义国家,我们不想找人家的麻烦;但是,我们应当具备先进的防御能力。历史的教训是,你落后,人家就来打你。"

停顿片刻,彭老总向钱学森提出了他思考已久的问题:

"我想和钱先生探讨一下,譬如说射程500公里的短程导弹,我们是否可能用自己的力量造出来?需要什么样的人力、物力和条件?估计需要多长时间?"

钱学森略作思考,从容地回答:"搞导弹当然不是一件容易的事,需要有一支搞研究和设计的队伍,需要建一些地面试验设备,也需要有专门的加工制造工厂,原材料可能需要全国各有关部门的支持。至于人力、物力,这需要仔细估算一下。而时间嘛,美国从军方开始支持搞导弹,到搞出第一枚导弹,用了近十年的时间。我想,我们可以比他们快,有五年的时间我看是可以的。"

彭德怀听到这位火箭导弹专家这么有信心、有把握,非常高兴,对身边的陈赓说:"我们的军队不能老是'土八路',也要学点洋玩意儿,你一定要安排钱先生给我们军队高级干部讲讲课,让大家都开阔眼界,长长见识。"

这真是一次别开生面的会见。一方是担任着军政要职的元帅,一方是从国外归来不到三个月的著名科学家。他们的第一次晤面,竟然没有国防部长对海外赤子归国的那种欢迎式的寒暄,也没有作为学者对于病榻上的元帅礼节性的问候。开门见山地就谈起了他们心中的要事,完全像老朋友、老战友之间推心置腹的晤谈,真可谓"不是一家人,不进一家门"。

三次演讲与"第二炮兵"

1956年元月,应陈赓大将的邀请,钱学森在积水潭总政文工团排演场礼堂给在京的我军高级将领门做了题为"关于导弹武器知识的概述"的三次演讲。

当时国防科技界一个主要的争论是:我国的国防究竟是应该首先发展飞机,还是发展导弹?多数人倾向于先搞飞机。钱学森的讲演拨云见日,他认为,"二战"中,希特勒德国已使用了 V-1、V-2 导弹,与飞机相比,导弹的优点是速度快,在战争中无论是从攻击还是从防御的角度看,都是一项重要的战术技术。另一方面,他又从技术上指出,攻克火箭导弹技术并不见得比飞机更难,因为导弹是无人驾驶的一次性武器,而飞机则有人驾驶,且要求多次使用,这在发动机、结构、材料和飞行安全等问题上都有更多特殊的要求。

在总政排演场,钱学森给大家介绍说,发展导弹在技术上也会遇到许多难关,比如制导问题,导弹为什么会自动飞向目标呢?对这个看似神秘的问题,钱学森给大家详细讲解了制导的原理,并认为制导技术在短期内易于突破。所以导弹应列入重点项目予以发展。钱学森还专门指出,他这么说并不是否定飞机的重要性,事实上,这两种武器在战争中是相辅相成、缺一不可的。钱学森这一具有真知灼见的分析,让在场的很多人表示接受,自然统一了大家对导弹问题的认识。

他的三次讲演深入浅出,形象生动,使许多科学知识不多的老将军都听得津津有味,并对这一尖端武器产生了莫大的兴趣和无比的神往。

钱学森在讲演中说的一席话,令当时有幸参加听课的军衔最低的总参作战部参谋李旭阁铭记在心:"中国人完全有能力自力更生制造出自己的火箭。我建议中央军委,成立一个新的军种,名字可以叫'火军',就是装备火箭的部队。"

正是钱学森这一建议促成了后来"第二炮兵"的成立。

三次讲演,在中国人民解放军高级将领中普及了导弹知识,推动了导弹研制事业的进程。

1956年是中央发出"向科学进军"的一年,钱学森作为刚回国的国际著名科学家得到中央的格外重视。不久,周总理邀请钱学森在中南海怀仁堂给中央领导讲"关于导弹武器知识的概述"。钱学森在讲台上放眼一看,听众席上坐着的是国家总理、副总理和各部委的部长,他热血澎湃,多年为国效力的夙愿终于要实现了,虽然他担任的是中科院力学研究所所长,但是,中国国防军事科技、中国的火箭导弹事业也将需要他大展宏图。英雄终于找到用武之地,中国的火箭导弹事业将鹏程万里。

1955年1月,毛泽东听了钱三强、李四光等科学家的讲座之后指示:"原子弹排上日程,认真抓一下,可以搞起来。"中国研制原子弹的工作正式启动。半年之后,中央成立了专门负责指导"原子能事业"的三人小组,由陈云、聂荣臻和薄一波组成。

钱学森在高层领导中做了大量宣传、普及工作后,很快,两弹中的"另一弹"——中国导弹事业的研制部署也正式启动了。

1956年2月1日,毛泽东主席在中南海怀仁堂举行盛大宴会招待政协二届二次会议的全体委员。

宴会厅里喜气洋洋,国家领导和各界著名人士欢聚一堂。钱学森拿着大红请柬向自己的席位——第37桌走去,但是,工作人员立刻上前拦住了他:"首长,请您坐到这边。"说完,他领着钱学森坐到了宴会最前方正中的一桌,只见钱学森的名牌赫然放置在国家最高领导人毛主席的右边,这可是毛主席最看重的贵宾坐的位置,钱学森感到无比光荣。

不久,毛主席在全场雷鸣般的掌声中来到了第一桌,他热情地用湖南话招呼站在桌旁的钱学森:"学森同志,请坐这里。"中青年科学家钱学森坐在毛主席身边,成为宴会厅最受瞩目的焦点。

钱学森后来知道,是毛泽东主席在审看宴会来宾名单时,亲笔把钱学森的名字从第37桌勾到了第1桌。

毛主席高兴地对钱学森说:"听说美国人把你当成五个师呢!我看呀,对我们来说,你比五个师的力量大得多。我正在研究你的工程控制论,用来指挥我国的经济建设。"

这一幕永远铭记在钱学森心中。他回忆说,毛主席说得最多的,就是新中国的建设事业需要大量的科技人才,希望他多多培养年轻人。

钱学森一直致力实现毛主席的殷切希望,他先后参与了中科院与清华大学举办的"工程力学研究班"的教学,给同学们讲授"水动力学";给国防部五院新分配来的大学生讲"导弹概论";创办中国科技大学近代力学系专业等。这些都是钱学森遵照毛主席的教导,尽一切所能,为新中国的建设事业,尤其是科技教育事业贡献出自己的力量。

严师出高徒

钱学森多年从事教育工作,他为中美两国都培养出不少高素质的科技人才,并且大都是拔尖的创新人才。

钱学森为什么能培养出拔尖人才?其中一个重要原因就是他是一位拔尖的教授。

据他在美国的一些好友,如 F. 马勃教授和 W. R. 西尔斯教授回忆说,钱学森常常把自己在科学研究上的最新成果融入教学之中,他讲课从不照本宣科,总是把科学上最新的东西讲给学生听,讲课内容其实比教科书上的高深多了。他在加州理工学院开设工程控制论和物理力学两门课,就是边研究边讲课。等他的课讲完了,把讲义加以整理,出版出来,就成为一部世界前沿的科学巨著。

这样的教授,不愁教不出好学生!

钱学森对学生要求十分严格。W. R. 西尔斯教授曾经走访麻省理工学院的一位明星教授,他曾经是钱学森在美国最好的学生。他说:"钱教授的考试非常难,他可能出四五道题,你只能希望解出一道,或者对其中一个以上的考题给出不错的开头,如果你做到了这一点,并且做得不错的话,你会得到钱教授给的A。"

美国人考试的评分是A、B、C、D四等,"A"是最好成绩。

钱学森回国后也把他在美国的这套成功的教学方法带回国内。他在担任中国科技大学力学系主任时,就给科大首届力学系的学生吃了一顿"杀威棒"。他的开卷考试只出了两道题,第一道概念题,占30分,第二道题是真正的考验,题目是"从地球上发射一枚火箭,绕过太阳再返回到地球上来,请列出方程求解"。这道题可把全班学生都难住了。你若平时只会死读书不会灵活运用,是根本做不出来的。

考试从上午八点半开始,直到中午还没有一个人交卷,中间还晕倒两个学生被抬出去。钱老宣布说:"吃午饭吧,吃完接着考。"直到傍晚也做不出来,大家只好交卷。成绩出来,竟有95%的人不及格。

当然,钱老的考试并不是故意为难学生,在"教训"他们一顿的目的达到后,也得让大部分学生过关呀!于是他想了一个"怪招":把每个学生的考卷成绩开方再乘以10,算是这次考试的最终成绩。这样一来,你若得了36分,开方等于6,乘以10就是60分。所以凡36分以上的学生都能及格;你若是一个特等优秀生,考试满分100分,100分开方等于10,

再乘以10还是100分。所以考100分的人也不吃亏。对他这个怪招的合理性,谁也挑不出毛病,结果是80%的人都及格了,皆大欢喜。

  及格归及格,但谁都承认自己的数学基础不够,于是钱老决定,力学系的毕业生延迟半年毕业,专门补习数学,所用教材就是加州理工学院的《工程数学》。在半年时间里,每个学生光数学题就做了3000多道。由于打下了坚实的数学基础,学生们受益匪浅,他们在后来的工作中成为同龄人中的拔尖人才,有的在"两弹一星"工作中担当重任,还有好几位成为了中国科学院和中国工程院院士。

艰难起步

1956年,钱学森受命组建中国第一个火箭、导弹研究院。

在导弹研究院成立大会上,聂荣臻元帅就曾庄重地宣布了建院方针:以自力更生为主,力争外援,利用资本主义国家的已有科学成果。根据这一方针,国务院也曾经向苏联政府提出了有关国防尖端技术的援助要求。但苏联政府对我国的要求,态度十分审慎,迟迟不作答复,拖了一年之久,直到1957年7月才复函中国政府,同意我国派代表团前往苏联谈判有关国防尖端武器的发展和生产问题。1957年9月,中国政府组成了由聂荣臻副总理、第二工业机械部部长宋任穷、副总参谋长陈赓率领的,包括钱学森等顾问专家在内共31人的代表团赴苏联谈判。

说起来,这里面还有个小小的插曲——苏联政府迟迟不复函中国政府,在复函后还附加了一些条件。苏联国防部表示,苏联的火箭、导弹和其他尖端技术设备需高度保密,中国代表团的成员必须都是具有相当级别的政府官员和相当高级军衔的军官才能参观。

当时,钱学森已列入代表团成员名单,但他没有军衔,更不要说"相当高级"的军衔了。而他是必须去苏联的成员之一,因为在这支代表团成员中他是唯一通晓国防尖端科学技术的科学家。此事被周恩来总理知道后,立即建议中央授予钱学森中将军衔。周总理诙谐地说:"早在1945年美国政府就曾授给钱学森上校军衔了。时间已经过去了12年了,我们为什么不能让他当将军呢?就是按着军队的晋升制度,也该轮到钱学森同志当将军了。"中央军委很快做出决定,授予钱学森同志中将军衔。于是,在中国代表团中,又增加了一位身着中将肩章的钱学森将军。

1957年9月,赫鲁晓夫将马林科夫、莫洛托夫、布尔加宁以及国防部长朱可夫等人陆续赶下台,掌握了苏联党政大权。因政权尚不稳固,十分需要我国的支持。因此,中苏关系出现了短暂的"蜜月期"。此时,中国代表团的到来,苏方给予了高规格的接待。

这一次的中苏军事技术谈判进展非常顺利——1957年10月15日,中国和苏联正式签订了《中华人民共和国政府和苏维埃社会主义共和国联盟政府关于生产新式武器和军事技术装备以及在中国建立综合性原子能工业的协定》(简称"国防新技术协定")。根据这一协定,苏方在1957年底至1961年底,除供应我国四种原子弹的样品和技术资料外,还决定供应四种导弹(P-2、C-75、C-2、K-5M)的样品和技术资料,并允诺在1960—1961年间供给射程1000公里的"P-11"导弹的技术资料。1957年底到1958年间,"P-2"导弹样品将运至北京,苏联同时派来专家。

然而,中央始终没有改变"以自力更生为主"这条我国发展军事尖端科学技术的既定方针。钱学森领导的中国导弹研究工作人员,也不会躺倒在苏联现成的导弹图纸上睡大觉,坐享其成。聂荣臻和钱学森根据苏方的允诺及其实施情况,根据我国国防建设的需要,一起研究确定了三步棋:先仿制,后改进,再自行设计。

1958年5月29日,刚刚落成的国防部五院大楼内,正在召开一次重要会议——讨论对苏制"P-2"导弹的仿制工作。由钱学森向会议提出了仿制方案。当时,困扰钱学森的最大难题是,我国军事科研体制尚不配套,大量技术工作没有人来做,达不到仿制的要求。尽管全国有1400个单位直接或间接地参与了仿制,但作为研究和设计单位的导弹研究院,仍然急需一批各行各业的理论设计人员。为此,党中央为五院发了红头文件——《关于迅速完成提前选调给国防部五院的应届大学毕业生的通知》。通知要求各省、市、自治区党委应由组织部长亲自负责挑选审查,保证质量与数量。于是,来自全国各地的应届毕业生,纷纷奔向五院。到1960年,五院已由数百人猛增至上万人。

当然,这些从全国各地选调来的大学生,存在大部分专业不对口的问题。钱学森只好再次办起了导弹技术训练班,继续进行补课。五院人员大量增加以后,钱学森按照仿制与研制的要求,研究相应配套的新体制,重新组织分工。有些课题组要新建,原有的课题组要充实扩大,这一切都要钱学森亲自策划,亲自参与。

随着科研机构的健全,仿制工作全面展开。钱学森夜以继日地投入到理论设计以及组织工作中去。白天,他带领年轻人在实验室里做实验;夜晚,与年轻人一起,消化资料,做课题论证,推导运算,常常是通宵达旦,废寝忘食。

为了"东风一号"的仿制工作,钱学森不知度过了多少个不眠之夜。在总体设计部,在控制系统,在弹体结构研究室,在推进剂研制室,到处都有钱学森的身影。然而,在百忙之中,钱学森不忘抓主要矛盾,抓关键部位。他始终把主要精力倾注在火箭发动机上。因为,火箭发动机是导弹的"心脏"。

导弹工程千头万绪,事事要从头干起,谈何容易!所幸的是,开始的时候绝大多数苏联专家对中国的帮助还是诚心诚意的。这使得钱学森还稍稍喘了一口气。但是,好景不长,中苏关系的"蜜月期"很快结束,随之而来的是由不公开的冷漠到公开的决裂。中苏关系的这种微妙的变化,钱学森是最清楚的——

第一个敏感点,就是"核子"领域。1959年6月,苏共中央致函中共中央,提出暂缓向中国提供原子弹教学模型和图纸资料。这是一个信号。实质上是苏联单方面撕毁了1957年10月15日在莫斯科签订的中苏关于"国防新技术协定"的条款。对此,中共中央政治局决定,对苏共中央的无理来函不予答复。但是,此事已出,中央只有横下一条心,自力更生,自己动手,从头干起。

1959年9月,我国防部五院在莫斯科与苏方进行设备分交的谈判。按协议,苏方应供给五院100吨不锈钢材,但苏方竟翻脸不认账。随后,苏联实际上中断了对我国的一切援助,一些应到而未到的图纸资料和样品,全都卡住不再交付。那只曾经伸出的友谊之手,一下子缩了回去。到1960年,事态发展得更加严重。这年6月24日至26日在布加勒斯特举行的社会主义各国共产党和工人党代表会议上,苏联共产党对中国共产党公然进行了全面攻击。1960年7月14日,苏联政府突然又照会中国政府,在一个月之内,撤走了在华的全部12000名专家,并带走许多重要的设计图纸和有关资料,同时停止发送建设急需的设备、关键部件和重要物资。就在1960年7月一个月之内,苏联单方面撕毁同我国签定的343个专家合同和合同补充书,废除了257个科技合同。

所有这一切背信弃义的行动,对于正处在蹒跚学步的中国航天事业来说,无疑是一次严重的打击!正在北戴河召开中共中央工作会议的毛主席坚定地说道:"我们要下定决心搞尖端技术。赫鲁晓夫不给我们尖端技术,极好。如果给了,这个账是难还的。"毛泽东这番话,表达了中国人的志气与气概,同时也更加坚定了中国尖端科学技术的发展方向——自力更生,奋发图强。我们别无选择!中国人要依靠自己的力量搞尖端技术,要造出中国的原子弹、导弹。

聂荣臻说:"天塌下来也要争这口气!"

张爱萍说:"再穷也要有根打狗棍!"

陈毅说:"脱了裤子送当铺也要干!"

邓小平说:"砸锅卖铁也要搞!"

就在苏联专家撤走后不久,钱学森叩开了聂帅家的红漆大门。他站在聂帅面前,说道:

"苏联专家撤走了,这是预料之中的事情。只不过事情来得早了一些,突然了一些。"

聂帅点点头。接着,二位将帅相对而坐,久久地沉默。

"你觉得我们的导弹事业能够顺利地继续下去吗?"聂帅开口问道。

"能,我们能够成功!"钱学森充满信心地回答了聂帅。

在外国人面前,钱学森向来是不服输的。他对于眼前发生的一切,似乎早有准备。钱学森在关键时刻表现出的大智大勇,已经远远地超出了一个普通的爱国科学家可以达到的境界。

钱学森充满必胜信心的话语,使聂帅为之一振。聂帅说道:"你的话跟中央想到一块儿了。毛主席最近说赫鲁晓夫不给我们尖端技术极好。"听到毛主席这样诙谐而充满自信的语言,钱学森笑了,聂帅也笑了。聂帅继续说道:"我们党有了你们这样一批科学家,就是有天大的困难,也能够把我们的科技尖端事业继续下去,发展起来。你常说,中国人是很聪明的,中国的科技人员并不比洋人笨。我们就是要依靠自己的专家,搞出自己的火箭、导弹来。"

钱学森怀着激动的心情连连点头。

这一天,聂帅在自己家中宴请了钱学森、梁守槃(pán)、屠守锷等几位航天科学家。

家宴是六菜一汤。聂帅亲切地给每个人夹菜,却很少说话。他那一双和善的凤目,时不时深情地注视着每一位航天科学家,充满着期望,充满着信任与鼓励。

1960年10月中旬的一天,钱学森应邀出席了人民大会堂的一次大型宴会。参加宴会的都是首都六级以上的工程师以及科研部门各个学科的带头人。陈毅、聂荣臻、陈赓等受周总理的委托宴请科学家们。聂帅在这次宴会上动情地说道:"逼上梁山,自己干吧!靠别人是靠不住的。以后就靠在座的大家了。党中央寄希望于我们自己的专家!"

一种卧薪尝胆、励精图治的悲壮,一种赴汤蹈火、在所不辞的豪气,充满了宴会大厅。

在这种氛围里,钱学森抑制不住那种只有出征的将士才有的激情,他即席讲道:"聂帅说,中国的科技人员并不比别人笨,这是客气了。我说,中国科技人员是了不起的。我们不仅有聪明智慧,我们还能够艰苦奋斗。只要国家给了任务,大家便会夜以继日、废寝忘食地去干,甚至为此而损害健康,直到牺牲,也不泄气。有了这种精神,我们就不怕落后,不怕困难多。我们一定要赶上去,我们能够赶上去!"

对钱学森的讲话,大家报以热烈的掌声。这掌声也是一种语言,是赞同,是响应。

宴会以后,周总理还特意安排出席宴会的各路专家,观看了北京人艺演出的话剧《胆剑篇》。这次宴请和演出,是周恩来总理精心安排的一次科技界的誓师会和动员会。

此后,钱学森带领任新民、屠守锷、梁守槃、黄纬禄、庄逢甘、林爽以及谢光选、孙家栋等我国的第一代航天专家,开始了中国航天史上的长征。

蒋英"索夫"

钱学森又"出差"了!每次出去,最少也得几个月杳无音信,从不和家中联系。

钱学森到哪儿去了?当时的确是无法告诉蒋英的军事机密。这是一个绝对的秘密。从1960年后半年开始,钱学森突然"消失"了。当年,钱学森的"消失",引起了种种猜测——西方一家通讯社断言:钱学森的消失,意味着中国将有重大事情发生。

果然不错!

1958年10月,西北综合导弹试验基地成立。1960年9月,试验基地初具规模。可以进行地对地、地对空、空对空导弹试验。

这期间,钱学森的行踪不要说对新闻界,就是对朋友,对家人,包括对他最亲爱的妻子蒋英也一律绝对保密。他和他的助手们在祖国的大漠荒原,风餐露宿,夜以继日地工作。一去就是几个月,从没有书信回家。有时,他神不知鬼不觉地回家来,蒋英问他到哪儿去了,他只是淡淡一笑,说:"没什么事儿,不用担心。"就算支应过去了。

　　有一次,钱学森又要"出差"。蒋英问他去哪儿?不说。去多久?不知道。一去又是几个月,杳无音信。蒋英坐立不安。她再也无法忍受这种亲人死活不明的痛苦折磨,她那火一样炽热的感情炸开了理智的闸门,她一气之下找到一位国家领导人,像一个天真的孩子赌气似地质问道:"钱学森到哪儿去了?三个月连一封信都没有。他不要我了,不要孩子了,也不要这个家了。那我就放一把火,把这个家给烧了。"说完呜呜地哭了起来。

　　蒋英"索夫"的故事,当年在国家领导人中传为佳话。

　　此刻,在祖国的大西北,钱学森刚刚走下火箭发动机的试验台,又跳上一辆老式吉普车,沿着一条长长的土路,沿着弱水河,向大漠进发。有人说,弱水河是魔鬼居住的地方。烈日下,红褐色的山丘,闪烁着奇异的光彩,使人想到《西游记》中的火焰山,给人带来无限的神秘遐想。

　　这里天很高,太阳很低。夏日,火辣辣的阳光,照在戈壁滩上,炎热灼人。在这苍茫的戈壁滩上,不乏历史的遗迹。有古代楼宇的残垣,也有中世纪城堡的遗址。这些残垣断壁,将与现代化的航天城堡相伴而立,共同经历戈壁滩的狂暴风沙,也共同见证人类前进的脚步。倘若超越漫漫风沙,极目远眺,依稀可见一抹绿色林带——那是生命力极强的胡杨林。而能同胡杨林媲美的就是我们当代最可爱的航天人了。

钱学森常常面对大漠,浮想联翩。行走了许久,他很想碰到一支响着驼铃的队伍,想寻觅古丝绸之路的踪迹……但是,他什么也没有遇见,只有那裹挟着沙砾的大漠狂风。他工作在一个祖国地图上没有任何标志的地方,是由不规则的鹅卵石铺就的无边无际的戈壁。如果不是亲身站在它的面前,任凭你怎样发挥自己丰富的想象力,也难以描绘它的苍茫和荒凉。那枯黄的骆驼刺,容易使人联想到一辈子也没有得到过鲜花和春风的人生。那被烈日炙烤得冒着青烟的沙石,大概是世上最耐得住寂寞的沉默者。

这些,就在钱学森的脚下,终日与他为伴。但是,在他的心中,却被导弹点火后那刹那辉煌灿烂的瞬间所占据着、牵引着向前……

第一枚"争气弹"上天

1958年10月开始到1960年9月,经过钱学森等一大批航天人历经两年七百多个日日夜夜的奋斗,我国第一枚仿制型的"1059"地地弹道导弹研制成功。这是在苏联停止援助的困难处境下完成的,并且完成日期比预想研制计划大大提前。

就在"1059"导弹准备从北京运往酒泉导弹试射场的时候,1960年10月24日,苏联发生了一次世界上最为惨烈的导弹发射悲剧:苏联国防部副部长、炮兵主帅和战略火箭军总司令米特罗凡·伊万诺维奇·涅杰林元帅和发射场上的160名工程技术人员全部遇难!那天,正是赫鲁晓夫作为苏共中央第一书记访问美国的时候,他临行前还特别给涅杰林元帅下达任务:"我赴美国谈判,在我的脚踏上美利坚合众国土地的时候,你要给我放一枚导弹,吓唬吓唬美国人!"然而,为了完成这一政治任务,这位元帅不得不在没有卸载全部燃料的情况下冒险抢修导弹故障,结果酿成大祸。

这次重大事故距离"1059"导弹预定发射时间仅有20

天,无疑对所有人无形中产生了巨大的压力。聂荣臻元帅叮嘱大家:"一定要沉着、冷静,做到万无一失!"

钱学森选派了他的得力助手耿青来完成导弹的押运工作。1960年10月23日0时45分,一趟由18节客货和特种车厢组成的专列,载着"1059"导弹,从北京永定门车站起程,驶向酒泉导弹试射场。耿青明白精密的水平陀螺仪是"1059"导弹的关键部件,于是专门成立了5人"保姆"小组,轮流抱着仪器坐在软席卧铺上,确保水平陀螺仪安全运抵基地。10月27日,"1059"导弹终于安全运达发射场。11月3日,测试吊装完成,导弹犹如一把利剑,直指蓝天。

11月4日,在张爱萍、陈士榘两位将军和钱学森的陪同下,聂荣臻元帅从北京飞抵酒泉发射场。聂荣臻一到达,就开始视察发射现场,他说:"这是我国自己生产的导弹,试验工作一定要严肃认真,不能有丝毫马虎。"

钱学森坐镇指挥,仔细检查发射前的准备工作。

在发射前夕,工作人员突然发现导弹舵机有漏油现象,这是极为严重的技术故障。经检查,原因是舵机油压轮泵光洁度不符合要求。唯一的解决办法就是更换新的部件,重新组装。技术人员在严寒中连续奋战,终于排除了这一故障。

一切就绪,钱学森下令,开始往火箭里加注推进剂。结果再次发生异常,导弹的弹体往里瘪进去一块。钱学森接到报告,马上赶往现场,爬上发射架。他在仔细察看故障部位之后,做出判断。他认为弹体的变形并未达到结构损伤的程度。他给大家分析了弹体瘪进去的原因——当年,他在美国做过壳体研究工作,知道这是在加入推进剂之后,泄出时忘了开通气阀,造成箱内真空,导致内外压力差过大,就瘪进去了。在点火之后,箱内要充气,弹体内压力会升高,弹体会恢复原状。于是,他认为可以照常进行发射。

但是,这毕竟是第一次发射。酒泉基地司令员、参谋长出于小心谨慎,不同意发射。按照当时的规定,只有钱学森、酒泉基地司令员、参谋长三人签字同意,才能正常发射。恰好聂荣臻元帅在现场,三人请他做最后裁决。

聂荣臻说:"有钱院长的签字,我就同意发射,因为这是技术问题,技术上钱学森说了算。如果只有司令员和参谋长两人签字而没有钱院长的签字,我倒不敢同意发射。"聂荣臻的话,透露出对钱学森的无比信任。当晚,聂荣臻告诉大家,周恩来总理已经报告毛主席,同意明天发射。

就在这时候,总设计师向钱学森报告,说是零点触发发现故障。钱学森马上下令把负责这一问题的技术员找来,一个扎小辫子、刚大学毕业不久的姑娘来了。钱学森用命令式的口气对她说:"必须在十小时内排除故障!"军令如山。那位姑娘花了四小时就排除了故障。

　　清晨,酒泉基地的气温降到零下20多摄氏度。天气良好,天空一片瓦蓝。9时02分28秒,发射指挥员下达了点火命令。火箭发出震耳欲聋的轰鸣声,大地在颤抖,发射台被包裹在浓烟之中,"1059"导弹尾部发出一团亮光之后,迅速腾空。先是垂直上升,然后在制导系统的控制下,转弯,在戈壁蓝天上划出了一道漂亮的白色弧线,飞向预定的目标。指挥中心不断传来各跟踪台站"发现目标,飞行正常"的报告。1分32秒后,飞行了550公里的"1059"导弹准确击中目标。

　　钱学森所盼望听到的消息终于到了,他大声宣告:"我们成功了!"顿时,整个试验场响起了震耳欲聋的欢呼声。人们向高空抛起了帽子,抛起了毛巾,抛起了衣服;人们敲响了锣鼓,敲响了脸盆,敲响了搪瓷茶缸,敲响了一切可以敲响的东西。钱学森眼含热泪拥抱着每一个朝他走来的人……这个在国外经历过许多成功的科学巨擘,从来没有如此激动过。

　　中国第一枚国产导弹,终于发射成功!

　　"1059"导弹的发射成功,清楚地表明了钱学森的现场判断能力和指挥能力是无懈可击的。当晚,在酒泉基地的庆祝酒会上,聂荣臻元帅高举酒杯说道:"今天,在祖国的地平线上第一次飞起了我国自己制造的第一枚导弹,这是一枚'争气弹',是我国军事装备史上的一个重要转折点。从此以后,我们有了自己的导弹。"

  1960年11月5日,是中国导弹发展史上具有里程碑意义的日子。它标志着我国火箭、导弹、航天事业在祖国最困难的年代实现了"零的突破"。从1955年10月8日钱学森归来,到1960年11月5日中国自制的"1059"导弹发射成功,前后整整五年。

亚洲上空的巨响

战略导弹的发射成功,犹如亚洲上空的一声巨响,震撼了全世界。外电称:红色中国的军事科学取得了伟大胜利,是钱学森带动了这一伟大胜利。这一胜利,挺起了民族的脊梁,摧毁了霸主封锁中国的铁圈,托起了中华儿女千百年来富国强民的梦想!

我国的第一颗原子弹于1964年10月16日爆炸成功后,一个新的课题紧接着摆在科学家们面前,如何将小型化的原子弹送到远距离的目标,也就是说必须能将核弹头与火箭、导弹结合在一起,并射中预定目标。钱学森根据周总理的指示精神,向聂荣臻元帅提出了"两弹结合"的设想。

火箭,作为一种运载工具,可以用来进行科学试验,可以运载人造卫星上天,也可以成为远距离的杀伤武器。作为杀伤武器,威力大小完全取决于头部运载的是什么样的弹头。只有当它成为核弹头的运载工具时,它才真正可以称为"战略武器"。在我国,如何将两弹结合起来,组成有实战价值的威力巨大的核武器,是一个堪称当时世界国防尖端科学技术中的重大课题。

1964年12月24日,由钱学森和钱三强领导的"两弹结合"论证小组正式提出了总体方案。其中对于导弹头部壳体外形的改动以及头部加温等提出了系统方案报告。对于钱学森和钱三强办事效率之高,聂帅早有体会,但是,这一次"两弹结合"论证方案提交之快,还是让聂帅吃了一惊。

研制"东风二号甲"战略导弹,解决"两弹结合"的试制工作由三大部分组成——

第一,对导弹进行适应性改进;第二,对原子弹弹头进行适应性改进;第三,解决"两弹结合"的全面配套与协调。

上述三步很快完成。接着,我国战略导弹进入全面试验准备阶段。

这期间,周恩来总理率中国党政代表团访问罗马尼亚和阿尔巴尼亚两国,在返京途中,专程来到茫茫戈壁滩的酒泉发射基地,特意赶来观看了"东风二号甲"导弹的"搭载"发射试验。

这一天,天气很热,烈日炙烤着茫茫沙海。周总理不顾长时期出访的旅途辛苦,头顶烈日,走遍了酒泉发射基地的每一个试验场区。在钱学森的心目中,周恩来总理是最富有真知灼见的伟人之一。在这大漠荒原迎接周总理的到来,他心中有说不出的激动和振奋。

周总理深情地说道:"我走进这广袤的沙漠荒原,和大家一样,有一种自豪感。我觉得,此时我也成了这荒原的主人!"这亲切感人的话语,赢得了一次又一次经久不息的掌声。

钱学森和航天城堡的所有科技人员一样,从周总理的谈话中受到极大激励和鼓舞。一种自豪感和责任感油然而生。正是在这种神圣情感的驱动下,钱学森暗暗发誓,要尽自己的所能,为这广袤的大漠荒原,为祖国的航天事业,抹上一笔绚丽的色彩。

"两弹结合"的关键是制造一枚适合于导弹运载的小型裂变弹,这仍需过三关——

第一,要实现弹头小型化,减轻其重量;第二,要提高火箭的推力,增强其实用性;第三,要满足核弹头的载入环境。

为了过好这三关,钱学森组织召开了几次"诸葛亮"会议,大家集思广益,绞尽脑汁,设想了各种可能发生的问题与应对方案。

但是,周总理听了他们的汇报以后,似乎不那么放心,提出了一连串的"怎么办":"核弹头一旦掉下来怎么办?""核弹头掉在某个国家边界怎么办?""核弹头一旦掉下来着了火怎么办？"……这一连串的"怎么办"都体现着周恩来总理一贯严谨的工作作风和关心人民、爱护人民的公仆心。

钱学森以严格的科学试验得出的结论和周密的防范措施,最终给了周恩来总理以满意的回答。

1966年10月下旬,"两弹结合"的首次热试验即将进行。

戈壁滩的10月,已是深秋季节。阴霾数日,气温骤降。每到夜晚,狂风大作,飞沙走石,怪声四起,令人毛骨悚然。钱学森睡不着,轻手轻脚地起来,到发射场地巡视了一遍又一遍,生怕发生什么意外。白天,他反复仔细查看各项准备工作和仪器设备的情况。"两弹结合"试验,要在剧烈的原子裂变和强大的质子轰击下进行,其危险性可想而知。他心中牢记着总理"周到细致,万无一失"的嘱托,一颗心总是悬在嗓子眼儿里。

1966年10月27日,天空阴转多云,这对发射基地的参试人员来说,是一个令人高兴的信号。虽然是多云天气,且有大风,但是能见度较高。于是,钱学森与试验指挥部的负责人商议,决定抓住这个战机,进行试验。拂晓,发射连的车队最先出发了,紧随其后的是产品结合车、调温车和其他装备车,最后则是试验队科技人员乘坐的大轿车以及聂帅、钱学森乘坐的吉普车。当车队驶入发射场地时，戈壁滩上的狂风突然加剧，它漫卷黄沙，将本来就躲在云团背后的太阳，遮挡得更加暗淡，能见度只有50米。

钱学森跳下车，忧心忡忡地面对着肆虐的风沙，他以挑战者的姿态迎风站立在戈壁滩上，背着太阳望去，似乎看到远处飘来一个五颜六色的彩球。

这时，有人大声呼喊道："钱老赶快回到车里！"钱学森还没有反应过来，头上的军帽已被大风刮走了，霎时卷到高空。司机急忙跑过来，把钱老拖进一辆车里。

坐在车里的聂帅关切地问道："天气这样坏，试验还能进行吗？"

"假如大风继续刮下去，试验只能推迟了。"钱学森不情愿地回答说。

一个多小时过去了，风速终于降到每秒20米。于是，发射基地指挥部下令开始进行吊装工作。在八级大风中吊装核弹头，这是何等的危险！但是，人们早已将生死置之度外，一心想的是尽快完成试验任务。

人们争先恐后地去做最危险的工作。风速在继续下降，能见度也越来越高。终于，结合车与起竖架紧密配合，顺利地完成了"东风二号甲"导弹与核弹头的对接。发射转入正常程序:起竖,测试,加注,瞄准……

"30分钟准备!"指挥部发出命令。操作人员按照命令迅速撤出发射阵地。这时,钱学森随聂帅进入地下指挥控制室内。"东风二号甲"载着核弹头,傲然矗立在发射架上。此刻,漫漫的风沙渐渐隐退了。随着加注燃料的车辆和人员最后撤离场地,整个发射场一下子变得寂静异常。发射架下悬挂着的那块巨幅木牌上,周总理提出的"严肃认真,周到细致,稳妥可靠,万无一失"16个红色大字,在阳光下熠熠生辉。

钱学森与聂帅端坐在地下指挥控制室,缄默着。发射基地死一般寂静,到处弥漫着紧张的气氛,让人几乎喘不过气来。钱学森见到现场指挥员做了一个有力的手势和发出口令后,操作员那双操作计算机的手微微抖动了。荧光屏上开始跳动着倒计时的阿拉伯数字:"10、9、8……"按规定,钱学森和聂帅都应当穿上防护服,以防发生意外。可是,钱学森和聂帅不约而同地挥了挥手说:"不要穿了,没有问题!"钱学森与聂帅的镇定自若,带给参试人员的是极大的鼓励和镇定。"3、2、1、0,发射!"

只听一声轰鸣,地下指挥室也为之颤动了。聂帅和钱学森按捺不住急切的心情,竟然一起跑出了地下掩蔽部,到地面看个清楚。他们亲眼目睹了"东风二号甲"载着核弹头腾空而起的壮观景象。只见它越飞越快,不一会儿,就消失在云层中了。钱学森和聂荣臻几乎同时看了看表,此时是1966年10月27日上午11时。

"东风二号甲"载着核弹头,按照预定弹道朝着罗布泊溅落区,呼啸着飞去。很快,千里之外的核弹头试验场传来喜讯,核弹头精确命中目标,准时实现核爆炸。罗布泊的大漠深处,再一次升起一朵绚丽的蘑菇云。"两弹结合"热试验成功了!

聂帅拉起钱学森的手,与欢呼的人流一起涌向山坡高地,大家纵情歌唱、跳跃、欢呼,用各种方式表达自己对成功的祝贺。镁光灯不停地闪烁,人们纷纷赶来与聂帅、与他们共同奋斗的科学家钱学森合影留念。

1966年10月28日,全国各大报纸都在头版头条位置,用通栏标题发表了新华社的《新闻公报》:1966年10月27日,中国在本国国土成功地进行了导弹核武器的试验。导弹飞行正常,核弹头在预定的距离,精确地命中目标,实现核爆炸。

这次试验成功,标志着我国的科学技术和国防力量正以更快的速度向前发展。这是中国人民在进一步加强国防力量、保卫祖国安全和世界和平方面取得的又一个新的重大成就。

"飞天"梦想

我国第一颗人造地球卫星运载火箭命名为"长征一号"。

"长征一号"火箭的研制,是一个全新的课题。因为要把人造卫星送入预定的空间轨道,需要三级火箭来产生能够克服地球引力、达到相应宇宙速度的强大推动力。

在此之前,钱学森领导的导弹研究院所研制成功的各种火箭,都属于单级火箭。在"长征一号"的研制和总装中,年近花甲的钱学森,亲临一线,和年轻人同吃同住,一同解决关键性技术问题。他那废寝忘食、连续奋战的工作态度,一丝不苟、严肃认真的工作作风,对年轻的科学家是垂范,也是激励和鼓舞。

1970年4月18日,火箭与卫星开始垂直测试。4月23日,周恩来总理发出预令:"如果一切准备工作已经做好,希望能在4月24日或25日发射。"钱学森接到周总理的预令以后,穿上那件绿色的军大衣,迎着刺骨的寒风,来到发射现场。他在发射架下,慢慢地踱着步子,认真地思考着眼前的发射工作——他想到,周总理之所以选择在这两天内发射,一定是考虑到国际、国内诸多因素以后,才做出决定的。发射是不能再拖了。

23日当天,发射基地的火箭和卫星通过了最后一次测试检查。指挥部根据气象部门的预报,认为可以实施发射,并将发射时间定为1970年4月24日晚9时30分。钱学森在发射任务书上郑重地签上了自己的名字。同时,上报中央军委和毛泽东主席批准。"东方红一号"卫星的发射准备进入最后一天,只待毛主席最后批准,来日即可升空——中国人几百年来飞天的梦想,将有可能变为现实。这最后一夜的等待,对于钱学森说来,显得格外漫长。

按理说,火箭和卫星已经进行了最后一次测试检查,发射任务书上他已正式签了名,中央军委也已同意了这次发射,只待毛主席批准了。近一个时期以来,一直没有得到很好休息的钱学森,今夜正好是一次难得的休息和调整的机会,理应抓紧时间安安稳稳地睡个好觉。可是,他却没有丝毫睡意。发射卫星是一个庞大的系统工程,任何一个环节,发生任何一点故障,都可能导致全局的失败,甚至酿成大祸。钱学森虽说对已经竖立在发射架上的火箭和卫星做过多次测试、检查,心中有底,但是,只要没有将卫星送上轨道,这一切都还是"未知数"。他作为现场的技术总指挥,此时怎能放心睡大觉呢?

1970年4月24日上午,加注队完成了给运载火箭一、二级加注推进剂的任务。火箭和卫星进入发射前八小时的准备程序。

发射时间初步定在4月24日晚9时到9时30分之间。

晚7时50分,周总理再次打来电话询问情况。钱学森就火箭和卫星的情况,回答了总理提出的问题,并表示:尽管发射前还可能出现一些小问题,但这次发射成功是有把握的。

周总理在电话中笑了。因为他听得出来,钱学森对于"东方红一号"卫星的成功发射,充满信心。晚8时28分,临时出现的故障被排除了。钱学森对着苍天,长长地嘘了一口气。

据此,指挥部报告北京,只要延长到9时5分即可发射。

一波三折,电话频频,使一直守候在电话机旁的周总理也察觉到第一线参试人员紧张的心情。于是,周总理向基地发出了最后一道指示:"不要慌忙,不要性急,要沉着,要谨慎。关键是工作要准确,要把工作做好。延长十分八分是可以的。"

总理的指示非常及时。意外情况迭出,既反映了我国工业基础的薄弱,也反映了在那个特定的时代发射卫星给人们带来的巨大心理压力。自然,压力最大的莫过于钱学森了。只是,这位才华横溢的大科学家,不仅有渊博的知识,而且具备良好的心理素质。他能够始终不急不躁,沉着冷静,脸上也总挂着那种安详的微笑。细心人只有在他踱步的节奏变化中,才能些许猜度出他内心不时荡起的微波细澜——为了今天,他已经度过了2000个充满忧思与焦虑的日日夜夜。现在,火箭发射在即,他的心情反而显得平和了。因为,他相信,他率领的这支年轻的航天队伍是靠得住的;他相信,发射基地那些无所畏惧的解放军官兵是靠得住的;他相信,经过反复测试和检验的火箭和卫星是靠得住的。此刻,钱学森充满信心地对发射基地的司令员说道:"如果没有特殊情况,建议发射时间为9时35分,不再变动了。"

"同意。"基地司令员做出果断的回答。

1970年4月24日晚9时5分,指挥员下达了"30分钟准备"的口令。紧接着高音喇叭里响起了"全体人员立即撤离现场"的命令。

9时34分,天空升起一红一白两颗信号弹。

"一分钟准备!"

高音喇叭戛然而止,戈壁滩顿时变成了无声世界。

这时的钱学森,心头像一潭秋水,十分平静。他什么也不去想,什么也不用去想了。1970年4月24日晚9时35分,当倒计时器上闪出"0"字时,指挥员下达了"点火"的命令。

只听"轰隆"一声巨响,乳白色的"长征一号"火箭,托举着"东方红一号"卫星,腾空而起,直向那个"发射窗口"飞去。

18秒以后,火箭开始拐弯,朝着东南方向越飞越快。转瞬间,便在茫茫的夜空中消失了。那火箭,也将钱学森等航天人的心带向了遥远的太空。

10分钟以后,从数千里以外的观测站传来了令人振奋的声音:

"星箭分离!"

"卫星入轨!"

此时的钱学森,眼里噙着泪水,心潮在翻滚。他不禁想起了赴美留学前王士倬教授给自己讲的中国人飞天梦想——"万户飞天"的故事:

故事发生在公元15世纪的中国。那是明朝宪宗皇帝成化十九年(1483)。有一位富有人家的子弟叫万户。他熟读诗书,但不去投考。因为他不爱官位,爱科学。他最感兴趣的,是中国古人发明的火药和火箭。他想利用这两种具有巨大推力的东西,将人送上蓝天,去亲眼观察高空的景象。为此,他做了充分的准备。这一天,他手持两个大风筝,坐在一辆捆绑着47支火箭的蛇形飞车上。然后,他命令他的仆人点燃第一排火箭。只见一位仆人手举火把,来到万户的面前,心情非常沉痛地说道:"主人,我心里好怕。"万户问道:"怕什么?"那仆人说:"倘若飞天不成,主人的性命怕是难保。"万户仰天大笑,说道:"飞天,乃是我中华千年之夙愿。今天,我纵然粉身碎骨,血溅天疆,也要为后世闯出一条探天的道路来。你等不必害怕,快来点火!"仆人们只好服从万户的命令,举起了熊熊燃烧的火把。只听"轰"的一声巨响,飞车周围浓烟滚滚,烈焰翻腾。顷刻间,飞车已经离开地面,徐徐升向半空。当地面的人群发出欢呼的时候,第二排火箭自行点燃了。突然,横空一声爆响。只见蓝天上万户乘坐的飞车变成了一团火,万户从燃烧着的飞车上跌落下来,手中还紧紧握着两支着了火的巨大风筝,摔在万家山上。

今天,中国第一颗人造地球卫星发射成功了!东方红的乐曲声在琼宇回荡!"东方红一号"卫星终于从世界东方升起来了!中国人自己设计制造的第一颗人造卫星终于同苏联、美国的卫星并驾齐驱遨游太空了！多少年来，钱学森梦寐以求的便是这样的时刻——我们中国终于跨入了航天时代！我们的先祖万户的理想，终于在我们这一代航天人的手下如愿以偿了！我们中华民族几千年"嫦娥奔月"的梦想，终于在我们这一代航天人面前开始了！

六、金色的晚年

● 开创祖国航天,他是先行人,披荆斩棘,把智慧造成阶梯,留给后来的攀登者。他是知识的宝藏,是科学的旗帜,是中华民族知识分子的典范。

两封不被批准的辞职信

钱学森的晚年应该从何时算起呢？他一直忙碌在祖国的科研和教育战线上。到"东方红一号"卫星上天,钱学森已近60岁了。进入晚年的钱学森淡泊名利,主动让贤,他的"两封辞职信"体现了这位老科学家的高风亮节和优秀品质。

第一封信是请辞中国科学技术协会主席。

钱学森从1986年至1991年担任了中国科协第三届主席。但他出任中国科协第三届主席的经历也是曲折的。中国科学技术协会成立于1958年9月,性质上虽然是中国科学技术工作者的群众组织,但也是在党领导下重要的人民团体。它在团结全国科技工作者,推动我国科学技术发展上起到十分重要的作用。科协每五年一届,而周培源从1980年至1986年担任了六年的主席。为什么周老会干了六年？就是因为主席的人选达不成一致。从一开始大家就一致推选钱学森为第三届主席，可是钱老坚决不干。

1985年，科协二届第五次全国委员会一致通过建议，由钱学森任第三届主席，他个人还是不同意。闭幕那天，在京西宾馆开闭幕大会，请钱老（当时为副主席）致闭幕词。闭幕词的稿写好了，送给他审阅。他看了稿子后表示，这个稿子我原则上同意，但最后要加一段话，让我向大家说明，我不能出任第三届主席的理由。如果你们同意加这段话，我就念这个稿子，如果你们不同意，我就不念，请别人致闭幕词。

科协的同志只好表示："钱老，您念完这个稿子，可以讲一段您个人的意见，但不要正式写进这份发言稿。"于是钱老同意致闭幕词。参会的同志都清楚地记得当钱老说明他不适合担任下届主席时，会场上连续地爆发出鼓掌，使他没法讲下去。有人站起来插话："钱老，这个问题您个人就别讲了。"大家对这个同志的插话又热烈鼓掌。

后来方毅、杨尚昆、邓颖超都出面找钱学森谈话，劝他出任科协第三届主席。大家在各方面做了很多工作，钱老才答应担任这一届科协主席。1991年，当他任期满了以后，在换届时，他坚决不同意连任，并推荐比他年轻的人担任下届科协主席。钱学森把地位和权势看得如同浮云，他不仅坚辞五院院长、国防科委副主任、科协第三届主席等职务，就是对全国政协副主席的职务也是这样。

钱老是全国政协第六、七、八届副主席。当然,第六届他并不是换届时选进的,而是中间增补进去的。但钱老不算这个细账,他在第七届任满时,就给当时政协的负责人写信,请求不要在第八届政协给他安排任何工作。但是,这个报告没有被批准,直到1998年全国政协第八届换届时,钱老才从全国政协的位置上完全退下来。

这第二封是请辞院士的。

目前在中国一提到某某院士,大家都会认为他是某方面的大专家、大科学家,由衷地产生敬佩之情。的确,"院士"的称号可以说是每一个从事科研工作的人终身梦寐以求的,因为它意味着获得者已成为中国科学技术和工程技术的杰出代表,它是科学技术领域最高和终身的荣誉学术称号。"院士"包括中国科学院院士和中国工程院院士,在1994年以前统称为"学部委员"。

对于这个含金量十足的荣誉称号钱学森却在1988年和1992年两次给时任中国科学院院长的周光召写信,请求免去他学部委员(即院士)的称号。在一次学部大会执行主席会议上,周光召院长和严济慈一起做钱学森的工作。周光召说:"钱老,学部委员不是个官位,是大家选的,不是我任命的。我无权批准您的请辞报告。"严老说:"我们主席团讨论了,大家一致不同意您的请辞报告。"

在我国20世纪七八十年代,国家党政军高级领导干部还没有实行规范的退休制度,"院士"也是终身荣誉。钱学森的主动请辞,显得如此难能可贵。他真诚地要把这些重要的领导岗位、荣誉称号让贤给年富力强的科技干部,而他也并非要退下来含饴弄孙,安度晚年。钱老在退居二线后,无须处理繁杂的行政事务,专心致志地在科学世界里驰骋,并由此进入了他人生科学创造的第三个巅峰期。

创立大成智慧学

钱老用了将近十年的时间,用独特的方式,创立了开放的矩阵式纵横交错的现代科学技术体系,并以此为基础提出了大成智慧学。

钱学森晚年曾向国家领导人表达过他余生的夙愿:"建立起一个科学体系,并且运用这个科学体系去解决中国社会主义建设中的问题。"国家领导人对于钱学森的这一超前构想,表示赞赏。因为这是一件关系到科学决策国家发展战略的大事,这也将是这位伟大科学家献给21世纪全人类的一份厚礼——这个夙愿的实现,极可能引起整个科学技术和教育战线的深刻革命,将使中华民族子孙变得更加智慧和聪明。

早在20世纪70年代末80年代初,钱老就开始思考和研究现代科学体系的问题。他看到,随着人类社会的长期积累和不断扩展,科学知识越来越丰富,科学研究领域和学科越来越多。据统计,国内外已有1000多种研究领域和4000多个学科,而且新的领域和学科还在不断增多。与此同时,现代科学技术呈现出高度综合的特点。也就是说,一方面是学科不断分化,越分越细;另一方面是学科的交叉综合,边缘学科、交叉学科层出不穷。过去看来不大相关的学科,今天却相互结合,向综合化、整体化的方向发展,由此产生了许多新的领域、新的学科。

在这种情况下,18世纪瑞典自然学者、现代生物学分类命名的奠基人林奈提出的按动物、植物、矿物质外部特征进行科学分类的方法,显然已经过时了。19世纪也曾有人主张按照科学研究的对象之不同来划分科学技术门类。钱老认为,这种主张也是不科学的。因为科学研究的对象是统一的客观世界。客观世界包括自然的和人造的,而人也是客观世界的一部分。之所以有不同的科学部门,是由于人们从不同的角度、不同的观点和不同的方法研究客观世界的不同问题产生的。

钱学森遵循着这一马克思主义的科学技术观,把世界科学技术发展的全部成果作为一个复杂的巨系统,结合自己半个世纪来在国内外参加或经历的许多重大科学技术实践以及由此产生的经验和理论,开始了深入的研究。1982年11月,他在中央党校讲课时,第一次把原来人们心目中的自然科学和社会科学两大部门扩展到八个,即加上了数学科学、系统科学、思维科学、人体科学、军事科学和文艺理论,形成了一个初步的体系。

1985年后,又增加了地理科学和行为科学。钱老指出,这十大科学技术部门,基本上反映了到目前为止现代科学技术的发展水平和成果。今后,随着科学技术的不断发展,还会产生新的科学技术部门,加入到这个体系之中。因此,这个体系将是一个动态发展的开放系统。

1996年6月,钱老又提出了建筑科学。

然而,作为一个完整的科学体系,除了科学技术部门的横向并列结构外,还要提出它的纵向关联。对此,钱老早在1955年回国后发表的第一篇论文《论技术科学》中,就曾进行过初步探讨。提出了科学技术领域中三个知识层次和初级层次的应用技术。钱老晚年在现代科学技术体系研究中,提出了更加完备的纵向结构理论。这就是:

最高层次是马克思主义哲学,它是人类一切知识的最高概括,它既指导科学技术的发展,同时,又从科学技术的最新成果中吸收丰富的材料,发展自己。

鉴于马克思主义哲学同现代科学技术的这种关系,钱老提出了每个科学技术部门都有通向马克思主义哲学的桥梁,它们都属于哲学范畴。在钱老看来,在十大科学部门之下,还有未形成科学体系的实践经验的知识库,以及广泛的、大量的、成文或不成文的实际感受等,也都是人类对世界认识的珍宝,不可忽视。因为这类知识,经过研究、概括也将成为科学知识,所以,钱老将它们称之为"前科学"。

至此,一个开放的矩阵式纵横交错的现代科学技术体系诞生了。它从根本上拆除了旧的分类方法造成的各个科学技术部门之间的人为阻隔,显示出它们之间的相互联系、相互促进、不可分割的整体关系。为专家、学者、决策人正确把握事物,特别是复杂事物的整体关系,全面、本质地认识客观世界,同时,也为解决复杂的科学问题和社会问题,提供了理论和方法。

1994年5月4日,在北京召开了"钱学森现代科学技术体系研讨会"。钱老所发现的那些富有创造性的研究成果引起了与会科学家的兴趣,并一致给予高度评价。钱学森曾经说过:"科学技术体系,包括了人类现在所认识到的客观世界规律的全部精华,它就是智慧的源泉。"因此,他用了一句古语来概括他的科学技术体系是"集大成而得智慧",用这个观点看科学技术以及知识体系就是"大成智慧学"。

"大成智慧学"不是一般意义上的一门学科,而是一个科学化了的整体观,它要求我们具有广博的知识,善于冲破部门分割,总揽全局,洞察关系,从而做到大跨度地触类旁通,完成创新。另一方面,由于现代科学技术体系不是简单的各部门的联合体,它作为一个纵横交错、相互贯通的统一体,能够向全方位敞开视角,极大地扩大人们的视野,这就使人们便于纠正偏见,充分发挥全面认识的能力与功能,获得高于任何一门科学的见解,达到认识上的飞跃。这正是"大成智慧学"的本质。

"大成智慧学"的创立,具有重大的意义。正如许多专家指出的,它将使人的认识步入更高的层次。建立在现代科学技术体系上的"大成智慧学",由于不囿于部门科学的局限,就能把某一种科学部门的最新成果及其原理、方法等应用到其他学科中去,达到知识成果共享,从而使人的思维能量迸发出来,闪耀出灿烂的光华。

"我为什么不去美国领奖?"

1989年6月,钱学森获得美国"威拉德·罗克韦尔技术杰出奖"。但钱学森没有到美国去领奖。他说,倘若我再一次踏上美国国土,将会证实许多错误的东西。

1989年,国际科学技术协会主席塔巴致函我国驻美大使韩叙,信中称:中国著名科学家钱学森获1989年"威拉德·罗克韦尔技术杰出奖",钱学森的名字已正式列入《世界级工程、科学、技术名人录》,并同时授予"国际理工研究所名誉成员"的称号,表彰他对火箭、导弹技术、航天技术和系统工程理论做出的重大开拓性贡献。

"威拉德·罗克韦尔技术杰出奖"也叫"小罗克韦尔奖",是国际理工研究所于1982年设立的最高奖项。每年至多授予3位在国际理工界具有极高声誉的科学家,同时选入《世界级工程、科学、技术名人录》。这是现代理工界所能入选的最高荣誉等级。到1989年,世界上仅有的16名现代科技专家获得这项荣誉,钱学森是其中唯一的中国学者。1989年与钱学森一起获得这项荣誉的,还有美国的爱德华·泰勒博士和法国的罗伯特·克拉皮施博士。中国科学家钱学森没去领奖。代替他领奖的是当时的中国驻美大使韩叙。当时,一些美国朋友感到惊诧:钱学森为什么不来领奖?

钱学森何止这一次没有亲自去领奖!1979年,他的母校加州理工学院授予他"杰出校友"称号,他没有出席领奖;1986年6月,南加州华人科学家工程师协会为他授奖,他也没有参加。总之,自从1955年离开美国后,他曾去过世界上许多国家,却再也没有去过美国。这究竟是因为什么?因为钱学森自从1955年离开美国后曾发誓:今生今世再也不踏上美国的领土。是什么原因使钱学森如此绝情呢?

钱学森对美国人民、美国科学家同行,怀着十分友好的情感。因此,他的这个决定显然不是针对美国人民的,不是针对他的同行以及母校的老师和同学的。他如此坚决地拒绝再度踏上美国的国土,让我们感受到的,只能是钱学森把民族情感、民族气节看得重于一切的高尚情操。

就拒绝到美国领取"小罗克韦尔奖"这件事情,钱学森曾给国务院领导同志写过一封信。信中对此做了十分坦诚的回答。他写道:我本人不宜去美国……我如果现在去美国,将"证实"许多完全错误的东西,这不是我应该做的事。事实是:我不是美国政府逼我回祖国的;早在1935年离开祖国以前,我就向上海交通大学、地下党员戴中孚同志保证学成回到祖国服务。我决定回国是我自己的事,从1949年就做了准备布置。我认为这是大是大非的问题,我不能沉默。历史不容歪曲。在钱老看来,再度踏上美国国土,就等于间接地承认了美国政府的不实之辞!

就在美国颁发了1989年"小罗克韦尔奖"以后的两个月,同年的8月3日,在国防科工委办公大楼会议室,由国防科工委和中国科学院联合召开座谈会,庆贺钱学森获得"小罗克韦尔奖"。主办单位按照钱老的意思,座谈会开得十分简朴。桌上清茶一杯,如同他的主人一样,清淡而高雅。

78岁高龄的钱学森,面对一起工作多年的老朋友、老同事,面对着金光闪闪的"小罗克韦尔奖"奖章,敞开心扉,袒露了他一颗忠诚于党和人民,热爱社会主义祖国的赤子之心。他说道:

国际科学与技术交流大会、国际理工研究所授予我奖章和称号,说是表彰我"对中国火箭导弹技术、航天技术和系统工程理论"方面所做的一些工作。我想这里面"中国"两个字是不可缺少的,是非常重要的。回顾这一段历史,我觉得个人只是做了一点应该做的工作,那是很有限的,首先要归功于党的领导,再就是广大科技人员的努力。个人的贡献与党的领导和集体力量相比,那是非常渺小的。周总理、聂老总给我这个任务,我的办法就是依靠集体。记得那期间,每个星期天下午,我就把任新民、屠守锷、黄纬禄、梁守槃、庄逢甘等几位总工,还有林爽同志,请到我家去议事。有什么问题,大家提出来,共同研究解决。不同的意见,要尽快改正。我们中国的导弹就是这么干出来的。所以,成就是集体的……因此,今天给我的奖,说是第一个中国人得此奖。我说,要紧的是"中国人"三个字。这个"中国人",应该包括成千上万为此做出贡献的人……

三次激动的时刻

共和国最后一位逝世的元帅聂荣臻,在生命的最后岁月,抱病为钱学森写下了这样一段文字:学森同志的确给我们科学工作者树立了良好的榜样。作为世界知名的科学家,学森同志更注重谦虚谨慎、严于律己。总是艰苦奋斗地工作,艰苦朴素地生活,从不计较个人得失。我很欣赏他的座右铭——我作为一名中国的科学工作者,活着的目的就是为人民服务。如果人民最后对我的一生所做的工作表示满意的话,那才是最高的奖赏。

钱学森这段简短的座右铭,生动地反映了它的主人一生的追求——为人民服务,鞠躬尽瘁。他用自己的行动,在我国现代科技史上,树起了一座高高的丰碑。共和国不会忘记他,人民不会忘记他。党和人民把最高的奖赏给予了他。

1991年10月16日,在庄严肃穆的北京人民大会堂,党和国家代表人民的意愿,将要在这里举行一个特殊的授奖仪式。国家最高领导人将要亲自授予钱学森以"一级英雄模范"奖章。这种荣誉,这样的仪式,在共和国的历史上还是第一次。

授奖仪式十分简朴,却极为热烈而隆重。出席授奖仪式的,有全国政协、国务院有关部委、军委各总部、各军兵种的负责同志和王淦(gàn)昌、钱三强、王大珩(héng)等著名科学家共 200 多人。当时在京的党和国家以及军队的领导人,都出席了这次不同寻常的授奖仪式。

钱学森穿着一套七八成新的深蓝色毛料中山装,与妻子一起来到会场。

中央军委副主席刘华清代表国务院、中央军委宣读了由当时江泽民主席和李鹏总理签署的授予钱学森"国家杰出贡献科学家"荣誉称号和"一级英雄模范"奖章的命令。命令说:"钱学森是我国著名的科学家。他早年在空气动力学、航天工程、喷气推进、工程控制论等技术科学领域做出了许多开创性的贡献。1955 年 9 月,在毛泽东、周恩来等老一辈无产阶级革命家的关怀下,他冲破重重阻力,离开美国回到社会主义祖国。数十年来,他以对祖国、对人民的无限热爱和忠诚,满腔热忱地投身于我国国防科研事业,为我国火箭、导弹和航天事业的建设与发展做出了卓越的贡献。他潜心研究的工程控制论,发展成为系统工程理论,并广泛地用于军事运筹、农业、林业,乃至整个社会经济各个领域的实践活动,在我国现代化建设中发挥了重要作用。"

80岁高龄的钱学森,面对如此隆重的授奖仪式,他依然像平日一样朴实、平易、谦和。一张平静的面孔上,人们看不到那种在这样的场合特有的激动。只有他那双睿智的眼睛里,充满了深情。在人们企盼的掌声中,他慢慢地站起身来,没有为这次授奖仪式事先写好发言稿,而是做了即席发言。

他首先感谢党和人民给予他的崇高荣誉,感谢曾在工作中给他以信任、关怀和帮助的领导和全体同志。他深情地回忆起当年在周恩来总理、聂荣臻元帅等老一辈无产阶级革命家领导下,广大科技人员为发展我国国防科技事业而奋斗的火热生活。这时,他动情地说道:"刚才各位领导讲我钱学森如何如何,那都是千千万万人劳动的成果啊!我本人只是沧海一粟,渺小得很。真正伟大的是中国人民,是中国共产党,是中华人民共和国!"然而,钱学森接下来的讲话,却使在场的人非常吃惊:"有人问我,在今天这么一个隆重的场合,我的心情到底怎么样?如果说老实话,应该承认我并不很激动。怎么回事?因为我这一辈子已经有了三次非常激动的时刻。"

记者们一时怀疑自己听错了。他们怀疑不拿讲稿的钱学森是否说走了嘴?难道还有比这件事情更激动人心的吗?

会场一下子静极了,人们在聆听钱学森接着说些什么。

"我第一次激动的时刻是1955年。当时我到美国已经20年了。我到美国去,心里只有一个目标,就是把科学技术学到手,而且要证明我们中国人可以赛过美国人,达到科学技术的高峰。这是我的志向。1955年夏天,我被允许可以回国了。当我同蒋英带着上幼儿园年纪的儿子、女儿去向我的老师、全世界闻名的工程力学和航空技术权威冯·卡门告别时,他手里拿着一本在美国刚出版的我写的《工程控制论》,还有一本我讲物理学的讲义。他翻了翻很有感慨地跟我说:'你现在在学术上已经超过了我。'我一听他这一句话,激动极了。心想,我这20年历史的目标终于实现了,我钱学森在学术上超过了这样一个世界闻名的大权威,为中国人争了气,我激动极了。这是我有生以来第一次这么激动。"

"在建国十周年的时候,我被接纳为中国共产党的党员。这个时候我的心情是非常激动的,我钱学森是一个中国共产党党员了!我简直激动得睡不着觉。这是我第二次心情激动。"

"第三次激动,就在今年。今年我看了今天在座的王任重同志写的《史来贺传》的序。在这个序里,他说,中共中央组织部把雷锋、焦裕禄、王进喜、史来贺和钱学森这五个人作为解放40年来在群众中享有崇高威望的共产党员的优秀代表。我看见这句话,才知道有这么回事。我心情激动极了。我现在是劳动人民的一分子,而且与劳动人民中的优秀分子连在一起了。有了这三次激动,我今天倒不怎么激动了。"

听到这里,人们才回味出刚才钱学森说的那句看来似乎不合时宜的话,是多么得体。钱学森的三次激动,都不是因为个人得到了什么荣誉,而是他感到"为中国人争了气",感到"做一名中国共产党的党员",感到成为"劳动人民的一分子,而且同劳动人民中的优秀分子连在一起"的那种光荣。他不会逢场作戏。他是个老实人,因此,他说的是"老实话"。这老实话是他的真情,真情里透露着朴实的真理,那就是党和人民的利益高于一切。

100万港元奖金

1995年元旦刚过,有消息从香港传来,荣获"国家杰出贡献科学家"荣誉称号的钱学森又获得首届"何梁何利优秀奖"。

不久,新华社驻香港分社转来一张100万港元的现金支票——这是新华社驻香港分社代替钱老领取的首届"何梁何利奖"奖金。钱老拿到这张支票以后,立即拨通了中国科协的电话,他邀请科协负责"沙业产业"科研工作的研究员刘恕到他家来一趟,说是有事相商。这位主攻"沙业产业"科研课题的科协副主席刘恕接到钱老的电话后,便匆匆上路了。她一路上暗自思忖:钱老在百忙之中有何要事与我相商呢?莫不是……

当刘恕怀着忐忑的心情敲响钱学森书房的门扉时,想不到钱老竟然笑微微地将一张100万港元的现金支票交到了她的手里。钱老说:"你是研究治沙的,考虑到你们所主攻的课题难度大,困难多,所以就把这笔钱补给你们那个课题组吧!"钱老的表情是那样宁静、平和,女研究员刘恕不知所措地说:"感谢钱老对我们课题组的关怀,我还得给钱老开一张收据吧!"钱老依旧非常平静地、笑微微地说:"你们就拿去用吧,这属于私有财产,不必开那个收据了。"

接着,钱老请刘恕坐在沙发上,关切地询问她"沙业产业"课题组的科研情况,说道:

"我国的沙漠和戈壁大约有1.1亿公顷吧,这同我国的耕地面积差不多一样大。依我看沙漠和戈壁并不是什么也不长,异常干旱不长植物的是极少数,大部分沙地还是有些降水,有植物生长,有些沙漠地带还长出不少多年生的小植物。内地也有小部分农田日渐沙漠化,其实是可以考虑用引水灌溉的方法来治理的。目前人们从沙漠和戈壁获取的只限于特产和药材,但也只采不种。作为沙业产业,就应该既采又种,提高产量。现在国外也有人研究在沙漠地带种'石油植物',这种植物收割后可提炼类似原油的产品。这样,广袤的大漠荒原便会成为取之不竭的地面油田。那真是沙业产业的大发展了。"

最后,钱老勉励刘恕说:"你们这个治沙课题组还应该再作努力,设法在治沙这个领域里比其他国家领先一步,为开发我国西北部的大漠荒原再出一把力。"

钱老这重如千钧的话语饱含着滚烫的赤诚和沉甸甸的

使命感,使得刘恕感慨万千。她想,我们的国家真有这样一些优秀的共产党员,他们真正从物欲的泥淖中解放了出来,他们的高风亮节不断地散发出光和热来,启发人们的良知,冲击人们的心灵。钱老就属于其中的一位,不愧为"爱国知识分子的典范"。刘恕手中拿着那张 100 万港元的现金支票,突然感到钱老这位科技伟人就像是一部对生命本质给予深刻解释的教科书。我们作为后人,应该肃然起敬地阅读这部书,以虔诚的心灵读懂这部书,以求得自己像钱老那样,向生命本质的深层次挺进!

钱学森之问

2005年7月29日,当时国务院总理温家宝同志看望因病住院的钱学森。交谈中,钱老谈到中国的教育时心情沉重,他坦诚地对温总理说:"现在中国没有完全发展起来,一个重要原因是没有一所大学能够按照培养科学技术发明创造人才的模式去办学,没有自己独特的创新的东西,老是'冒'不出杰出人才,这是很大的问题!"钱老提出的这个"很大的问题"被称为"钱学森之问"。这是一位伟大的科学家在94岁高龄之时,对中国教育表达的深深遗憾与忧虑。

钱老从自己的经历中深切地体会到:要提高我国的国民素质,提高科学技术的整体水平,必须重视教育,重视人才的培养。他多次提出学校德育和智育的目标以及改善学校教育的办法和建议。他说道:"教育是社会进步的保证。不要忘记:在竞赛场上,是快者夺标;打仗,是强者取胜;提高全民的文化素质,靠教育达标。"他反复强调:"学校,是人才的摇篮,也是人才的宝库。"关于对人才的培养,钱学森有过这样一段论述:人的才能主要靠后天培养,而不是先天就有的。

古今中外，都有一批才能卓越的人才，他们也是他们所经历的学习环境教育出来的。

这是符合马克思主义教育观的真知灼见，也是他自己的切身体会。1991年，钱学森以80岁高龄，参加了他的母校——北京师范大学附属中学80周年校庆。在这次校庆会上，《光明日报》一位记者访问了钱学森。钱学森对母校给予他的教育，留下了极深刻的印象。他以激动的心情对记者说道："回想六十多年以前在附中受到的老师们的教育，我们这些人是一辈子难忘，终生感谢的。中学时代的老师在知识、智力及能力方面都给我打下了良好的基础。"所以，钱学森认为，培养人才的关键是抓好教育。随着我国改革开放方针的全面贯彻执行，教育改革也被提到了日程上。对此，钱学森十分欣喜，对我国教育事业的未来充满信心。

20世纪80年代初期，在一次记者访谈中，钱学森以极少有的口气说道："我敢夸这个海口，只要能为培养人才创造良好的条件，那么，就拿我们的高等学校来说，在现有的基础上，五年工夫，就可以达到世界先进水平。"然而，教育改革举步维艰。现行教育制度的种种弊端，依然顽固地盘踞在教育阵地上。许多令人困惑的事情，不断传到钱学森的耳边。于是，钱学森迈开双脚，亲自到第一线去考察。

这是 20 世纪 80 年代初的一天。在北京一所重点大学宁静安谧的阶梯教室里,学生们正在听教师上课。这时,钱学森悄无声息地从后面走了进来,又悄无声息地坐在最后一排的空位子上。谁也没有发现。当教师的课快讲完时,钱学森又悄悄地离去了。这一堂课,使钱学森很失望。他发现,教师讲课的内容冗长繁琐,枯燥乏味。一堂课竟然讲了许多习题。学生们听课的情绪也是低落慵懒的,缺乏兴趣与渴望。有的学生,一堂课下来,连笔记本也没有打开。

他决定再听一堂课,以检验自己的看法。

结果,他所听到的第二堂课与第一堂课毫无二致。事后,钱学森向这两位教师谈了自己的看法。他说道:"你们把这两节课并作一节课讲就好了。留下习题,不要做过多的解释,让学生自己去思考、去做。这样课时缩短了,效果也会好些。你们以为这样做怎么样?"然而,两位老师听了钱学森的一番话却表示很为难。他们说道:"您的意见是对的,但是事实上却行不通。""为什么?"钱学森不解地问道。"因为如果照您说的去办,有些学生就会感到不习惯。他们已经习惯于'满堂灌'了。不这样做,他们会对教师提批评意见。这种批评意见的条子多了,教务部门便会给我们扣分,将来,还要影响我们评职称、升级、加工资!""这简直是落后影响了前进,不让前进嘛!"钱学森感慨万分,却又无可奈何!

钱学森本人有近二十年学生生活的体验,又长期在美国著名高等学府任教。回国后,也未曾中断教学实践,经常作为兼职教授或客座教授四处讲学。因此,他对教学是很内行的,有着丰富的经验。然而,现行教育制度的许多不合理之处,教师和教育行政领导,明知不对,却又不想或者无法改变。这种现状,使钱学森十分忧虑。钱学森在诸多场合不止一次地提到:"高等院校要名副其实,要有一批高水平的教师。"他还注意到,在要求提高师资水平的同时,还要提高教师的生活待遇"。为此,他在一些重要会议上多次发出呼吁。

一天,他向大家讲述了一个故事——

听说回国讲学的李政道博士埋怨他在国内教学的弟弟不用功。弟弟则满腹苦衷,给哥哥报了一笔账:"晚6点下班,先得去买菜,回到家要生火做饭,饭后要洗碗,帮孩子复习功课,再后要洗衣服,洗完大人的,洗小孩的……"李政道拿笔把这些家务事挨个儿一加,快到半夜一点了。但仍责怪地说:"要是你肯努力,还可以再学两个小时,三点睡觉。"弟弟苦笑了一声:"那我第二天上课光剩下打哈欠了!"

讲到这里,钱学森颇有感慨地说道:"当教师的很大精力花在买菜、做饭、带孩子上,怎么能集中精力教书?赵红洲写了篇文章题目叫《科学能力是特殊的生产力》，发表在《红旗》杂志上，为的就是在这方面引起大家的注意。我们给教师的待遇起码得让他们维持简单的再生产。现在是连简单的再生产也难维持，弄得很多教师的身体越来越坏。据说，凡是关心教师队伍建设的院校，教师生活的安排就好些，困难也少些。教师生活有了保障，提高教学能力是不难做到的。"

上述几番谈话中，钱学森爱才、惜才、育才、关心教育改革、关怀教师队伍建设的拳拳之心溢于言表，感人至深！

最后的日子

钱学森年过九旬后,便久卧病榻,言语不多。一位医生怀疑钱学森患了老年痴呆症。

老年痴呆症又称"阿兹海默症"。据不完全统计,在80岁以上的老年人中,患病率高达15%~20%。老年痴呆症的表现之一,就是计算数字产生障碍。医院的医生按照老年痴呆症的测试"规矩",连问了他几个问题:"100减7是多少?"钱学森不假思索地回答:"93。"医生继续问:"93减7是多少?"钱学森迟疑了一下,答道:"86。"医生再问:"86再减7呢?"这时,钱学森发觉医生在怀疑自己的思维能力,拿这种测试小学生的题目来考他,顿时脸露愠色,大声呵斥道:"你知道你问的是谁?我是大科学家钱学森!"站在一旁的赵医生先是一怔,然后忍俊不禁。负责测试的医生也笑了,因为这清楚地表明,钱学森没有得老年痴呆症。

保健医生赵聚春说,钱学森体质很不错,中年时期几乎不生病,不住院。而钱学森的健康亮起红灯,是在20世纪80年代初的一次体检时,工作非常仔细的三〇一医院化验员从钱学森的尿液沉渣中发现了肿瘤细胞。于是,医院对钱学森进行了严格的身体检查,查出尿液沉渣中的肿瘤细胞来自膀胱。这表明,钱学森可能得了膀胱癌。钱学森不得不住院检查。

经过用膀胱镜进行检查,钱学森被确诊患膀胱癌。著名泌尿科专家、中国科学院学部委员(即院士)吴阶平非常关注钱学森的病情,亲自过问钱学森的膀胱癌手术。幸亏治疗及时,钱学森经过外科手术切除恶性肿瘤之后,直至他98岁病逝,都没有发现癌细胞转移。

在80岁之后,随着年岁的增长,钱老也没能挣脱"老而病"这条人生不可抗拒的规律,身体的病痛渐渐多了起来,身体明显开始走下坡路。他觉得走路困难,双腿疼痛,经检查患"双侧股骨头无菌性坏死",不得不坐上轮椅。在家里,钱学森则依靠推着圆形步行器行走。为了避免感染,医生建议钱老尽量减少会客。于是,钱老就每天亲笔写信,写下大量的书信,通过书信与友人交换意见,对各种各样的问题发表自己的见解。

接着,钱学森又罹患"腰椎楔形骨折",难以久坐。从90岁之后,钱学森只能卧床静养。为了使终日卧床的钱学森能够有机会锻炼身体,照料钱学森生活的工作人员每天要给钱学森套上钢丝背心,小心翼翼地把他放在轮椅上,在房间里转上十几圈。然后脱去钢丝背心,再躺到床上。

随着年事渐高,钱学森住院的日子也渐渐多起来。钱学森每一次住院,蒋英必定亲自送他下楼,在家门口注视着他被抬上救护车。然后,蒋英到三〇一医院的病房探视钱学森,常在病房里聊天。其实,晚年的钱学森和蒋英的听力都已经很差,听不清对方的讲话,所以聊天时几乎是"各说各话",但是他们每次都聊得津津有味!

在三〇一医院南楼病房,钱学森常常自称"小弟弟",因为住在那里的萧克上将比钱学森大4岁,活了101岁,而吕正操上将比钱学森大6岁,活了104岁。跟萧克、吕正操相比,钱学森还真是"小弟弟"。每次见到钱学森被送进三〇一医院,赵聚春医生总是为他担心,希望"首长"能够像萧克、吕正操那样超过百岁。钱学森总是指着医院墙上的一幅油画安慰赵医生。油画上描绘的是在火箭发射基地,在聂荣臻元帅之侧,站着当时风华正茂的钱学森、李福泽和栗在山。

聂荣臻元帅生于1899年,1992年去世,终年93岁;

李福泽是中国人民解放军少将,国防科委副主任兼二十基地司令员,生于1914年,1996年去世,终年82岁;

栗在山是中国人民解放军少将,国防科委副政治委员,生于1916年,2007年去世,终年91岁。

钱学森说:"我活得比他们都长。"

赵聚春医生明白,那是钱学森让他不要担心。

在钱学森生命的最后几年,三〇一医院发现钱学森患了"呼吸睡眠暂停综合征"。这是在20世纪70年代新确定的一种病症,是指有的人在睡眠时突发呼吸障碍,反复出现短时间停止呼吸,对生命会造成严重的威胁。

2009年10月31日凌晨,钱学森的心脏最终停止了跳动。临终,他没有留下遗言。

钱学森是坚强的人。在晚年,钱学森被"双侧股骨头无菌性坏死"锁在轮椅上,被"腰椎楔形骨折"锁在病床上,即便如此,他仍以不停思索的大脑,以顽强的意志力,关注着国家的命运,关注着时代的步伐。正因为这样,他在生命的最后时刻,仍向温家宝总理发出了震撼教育界的"钱学森之问"。

2008年初,钱学森被"感动中国"组委会评为2007年"感动中国年度人物",颁奖词这样写道:

在他心里,国为重,家为轻,科学最重,名利最轻。五年归国路,十年两弹成。开创祖国航天,他是先行人,披荆斩棘,把智慧锻造成阶梯,留给后来的攀登者。他是知识的宝藏,是科学的旗帜,是中华民族知识分子的典范。